나★도
솔직히
1등이
하고싶다

내신 6등급도 1등급으로 만든
스스로 공부 이야기

나 ☆ 도
솔직히 1등이
하고싶다

김송은
에듀플렉스 교육개발연구소
지음

멘토링 편

다산
에듀

상담실 문을 열고 누군가 슬며시 들어온다. 중학교 2학년 용석이다. 반항심이 이글이글 타오르는 눈빛으로 볼멘소리를 한다.

"공부하는 거 재미없어요. 공부 필요 없어요. 오늘은 진짜 공부하기 싫어요."

공부에 대해서 용석이는 냉소적이다. 공부하기가 어려운 것은 사실이지만, 그렇다고 크게 공부에 연연하고 싶지는 않다는 것이 용석이의 기본 자세다. 용석이뿐만 아니라 몇몇 모범생을 제외하고, 많은 학생들은 공부에 대하여 이와 비슷한 태도를 보인다. 마치 짝사랑하는 새침한 대상에게, 사랑을 애걸하며 매달리고 싶지는 않은 심정과 비슷하다. 공부에 대하여 학생들은 학창 시절 내내 이렇게 속 보이는 밀당을 계속한다. 공부라는 이름의 신포도.

좋은 상담가는 내담자의 말에서 세 가지를 동시에 읽을 수 있어야 한다. 무슨 말을 하고 있는가? 그 말을 하고 있는 사람의 정서는 어떠한가? 마지막으로 겉으로 내뱉는 그 말 깊숙이 숨겨진 욕망은 무엇인가?

공부가 재미없어서, 자기도 공부가 필요하지 않다고 말하는 용석이의 표정에는 억울함이 가득하다. 그것은 공부를 버리겠다는 사람의 얼굴이 아니다. 열심히 하고 싶은데, 생각처럼 잘 되지 않으니 화도 나고, 답답하다는 하소연이 담겨 있다. 용석이도 사실은 공부를 잘하고 싶은 것이다.

그러나 이 안쓰러운 아이들과 소통하는 어른들의 화법은 때로 너무 거칠고 무성의하다.

"공부가 재미없어요."(재미있는 것만 하고 사는 사람이 어디 있니?)

"공부 필요 없어요."(너는 공부하기 싫으면 꼭 그런 철딱서니 없는 소리를 하더라.)

"오늘은 정말 공부하기 싫어요."(네가 공부하고 싶은 날이 하루라도 있었니?)

열심히 노력했는데도 잘 못한다는 소리를 듣기보다, 공부에 별로 집착하지 않는 쿨한 학생인 척 살아가는 것이, 어쩌면 학생들이 스스로를 상처로부터 보호하는 방법일지도 모르겠다. 그러나 모든 학생들은 주변으로부터 인정받기를 원한다. '솔직히 1등도 해 보고 싶은' 것이다.

주변에 이런 친구들이 한두 명씩은 있다. 쟤는 어떻게 저렇게 공부를 잘하지? 공부 잘하는 머리는 하늘이 주는 것인가? 내가 무슨 짓을 한들 저렇게 공부를 잘할 수 있을까?

이 책은 1등이 되려면 다시 태어나는 수밖에 없다고 체념해 버린 수많은 학생들에게 바치는 책이다. 아무것도 아닌 종이 막대처럼 보이지만, 불이 붙으면 하늘을 향해 불꽃을 쏘아 올리는 폭죽처럼, 모든 학생들은 그 안에 기적의 화약을 하나씩 품고 있다. 무엇이 그 심지에 불을 붙이는지를 찾는 것이 관건이다. 그 발화점을 찾는 순간, 모든 학생들은 자기만의 한계를 극복하며 이름만으로도 설레는 '1등'이 될 수 있다.

그러나 자신의 한계를 극복한다는 것은 말처럼 쉬운 일은 아니다. 마음만 굳게 먹는다고 해결되지도 않고, 열심히만 한다고 금방 좋아지지도 않는다. 공부 경력 10여 년 동안 내 몸에 겹겹이 쌓인 내 공부의 아킬레스건을 찾아야 한다.

『나도 솔직히 1등이 하고 싶다』 〈멘토링 편〉에서는 힘겨운 공부 과정을 뚫고 공부 목표를 이룬 아이들의 이야기가 펼쳐진다. 나아가 공부 목표를 이루기 위해서는 이 힘겨운 공부가 어떤 구조로 이루어져 있는지를 알아야 한다. 공부에 대한 이와 같은 구조적 접근은 『나도 솔직히 1등이 하고 싶다』 〈공부법 편〉에서 자세히 다루고 있다.

이 책은 내 안에 잠재된 발화점을 찾고자 노력했던 학생들의 눈물 겨운 성장 실화다. 실제로 학생들은 거기까지가 자기의 위치라고 체념했던 한계의 벽을 부수고 기적을 만들어 냈다. 그 과정은 눈물겹고도 눈부셨다. 모든 학생들은 각자의 방식대로 예외 없이 성장한다. 이 책은 그들에게 보내는 뜨거운 응원과 격려의 메시지다.

김송은

차례

머리말 • 5

1장

1등이 되는 자기주도학습

무턱대고 한다고
자기주도학습이 아니다

01 스토리 8개월 만에 전교1등이 되었어요
자기주도학습은 왜 중요한가? • 15

02 스토리 게임 레벨 상위권에서 공부 상위권으로
무엇이 공부하게 만드는가? • 27

03 **1시간 배우면
3시간 자기공부가 필요하다** • 39

04 스토리 롤러코스터 같았던 나의 공부
나에게 맞는 공부법은 따로 있다 • 42

05 **나는 누구인가?** • 52

2장

1등이 되는 정신관리

공부는 마음이다

01 나를 찾아야 공부가 달라진다 • 61

02 스토리 평범한 올챙이에서 황금 개구리로
나는 어떤 꿈을 꾸는가? • 65

03 스토리 혼자서 공부하고 1등이 되었어요
내 안에 숨 쉬는 유능한 나를 발견하라 • 75

04 스토리 공부하는 이유가 먼저
학생은 당연히 공부해야 한다 • 85

05 스토리 공부 자신감이 생겼어요
성공해 본 자만이 꿈을 꾼다 • 93

06 스토리 미운 골칫거리에서 성실한 모범생으로
최상위권의 필수 조건 • 101

07 청소년 학생들의 특징 • 114

3장

1등이 되는 학습관리

공부는 전략이다

01 스토리 하루 7시간 공부해요
양적 학습 시간과 질적 학습 시간을 관리하라 • 123

02 스토리 끝없는 추락, 그리고 반전
나에게 맞는 공부 무기가 필요하다 • 132

03 **내게 맞는 계획을 짜야 한다** • 144

04 스토리 계획을 세우고 공부하게 되었어요
학습법에 따라 공부하라 • 146

05 **이번 시험지는
다음 성적의 예고편이다** • 151

4장

1등이 되는 환경관리

공부는 환경이다

01 **내 시간을 훔쳐가는
최고의 도둑, 게으름** • 163

02 스토리 공부도 1등, 취미도 1등입니다
빠져 나오기 어려운 늪, 게임 중독 • 166

03 스토리 노력은 성적을 배신하지 않는다
공부 집중력을 앗아 가는 주범, 스마트폰 • 174

04 **빠르게 스트레스에서 벗어나는
나만의 방법을 찾아라** • 184

5장

기적의 학습 매니지먼트

학생에게도
매니저가 필요하다

공부 동반자, 학습 매니저 • 191

스토리01 공부해야 하는 이유가 42가지나 생겼어요 • 194

스토리02 멋진 어른이 될게요 • 202

스토리03 꿈이 있어도 공부는 힘들어요 • 210

스토리04 이제 공부하는 재미를 알 것 같아요 • 216

스토리05 수학이 두렵지 않아요 • 224

부록 자기주도학습 전문 교육기관
에듀플렉스 • 231

1장

1등이 되는 자기주도학습

무턱대고 한다고
자기주도학습이
아니다

66

요즘 교육 현장에 '자기주도학습'이라는 말이
유행어처럼 남용된다.
버젓이 주입식으로 강의하는 학원조차
'자기주도학습 학원'이라는 간판을 걸고 있다.
마치 자기주도학습을 표방하지 않으면
시대에 뒤떨어진 느낌이라도 드는 양,
너도나도 이 교육적 표제어를 내세운다.
무턱대고 혼자서 한다고 다 자기주도학습일까?
그렇지 않다. 스스로 공부할 수 있는 힘을 키워 주는
자기주도학습이란 과연 무엇일까?
자기주도학습의 의미를 바로 알고 제대로 된 조건을
이해하는 것에서 출발해 보자.

99

중3 현우 이야기

"8개월 만에 전교 1등이 되었어요"

전교 357등 ➡ 1등
평균 34.2점 ➡ 98.2점

내 꿈은 음악 교수

중학교 1학년 때부터 제 꿈은 음악 교수가 되는 것이었기에, 저는 공부는 제 인생에서 중요한 것이 아니라고 여겼습니다. 그러다 보니 음악하는 시간만 잔뜩 확보하고 공부는 늘 뒷전이었습니다. 중학교 2학년에 올라가면서 성적은 걷잡을 수 없이 떨어졌고, 성적을 올리고 싶은 마음은 가득했지만 방법을 몰라 아예 공부를 손에서 내려놓게 되었습니다.

수업 시간에는 잠만 잤고 선생님이 꾸중하시면 대들기까지 했습니다. 수업 시간에 무단 외출도 몇 번 하게 되면서 선도위원회로부터 벌점을 받아 벌점이 급기야 100점도 넘게 되었습니다. 결국 선도위원회 때문에 부모님께서 학교에 불려 오시게 되었습니다.

학교에 갔다 오신 부모님은 저를 붙잡고 '도대체 왜 그러는 거냐',

'언제 철들거냐'며 눈물을 흘리셨습니다. 그 후 부모님과의 관계는 더더욱 나빠졌고, 저는 부모님께 혼이 나면 밖으로 나가 늦은 밤까지 친구들과 놀았습니다.

그렇게 방황하는 동안에도 진로에 대한 고민은 불쑥불쑥 튀어나와 저를 괴롭혔습니다. 그동안 뭐 하나 잘 해낸 것이 없었기에, 아무리 생각해 보아도 제가 자신 있게 할 수 있는 건 음악밖에 없었습니다. 공부할 생각도 잠깐 했지만 지금 해 봤자 이미 늦었다는 생각에 포기하고 싶었습니다. 그래서 부모님을 끈질기게 설득해 실용음악 학원에 등록한 뒤 예고 입시를 준비하게 되었습니다.

저는 기타로 입시를 준비하고 있었는데, 음악 학원 선생님께 재능이 있다는 말씀을 들을 때면 공부가 아니라 음악으로 진로를 선택하길 잘했다 싶었습니다. 그런데 날이 갈수록 음악 학원 선생님께도 혼나고 지적받다 보니, '과연 내게 음악적 재능이 있긴 한 걸까?', '남들도 이 정도 배우면 나만큼은 할 수 있지 않을까?' 하는 걱정이 들면서 진로에 회의가 생겼습니다. 게다가 예고 입시 관련 정보를 찾아보았는데 생각지도 못하게 내신 점수가 많이 반영된다는 사실을 뒤늦게 알고 걱정이 더욱 커졌습니다.

매니저님과의 첫 만남

이제라도 공부해 보자고 생각하면서 혼자서 2학년 여름 방학 동안 열심히 공부했습니다. 방학이 끝나고 기대감 속에 치른 2학기 중간고사 결과, 성적은 오히려 더 바닥을 쳤습니다. '나는 정말 공부 쪽이 아니구나'라고 푸념하면서 반쯤 포기하고 있을 때, 반에서 1등을 하는 친구를 통해 우연히 에듀플렉스를 알게 되었습니다.

그 친구는 원래부터 1등을 하던 것이 아니라 어느 순간 최상위권이 되었습니다. 부러운 마음과 궁금한 마음에 에듀플렉스라는 곳에 대해 검색해 보았습니다. '자기주도학습을 하는 곳이라고?', '내가 과연 스스로 공부할 수 있을까' 하는 걱정이 앞섰습니다. 하지만 중1 때 학원도 다녀 봤지만 성적이 오르지 않는 것을 경험했기에 새로운 방법을 시도해 보고 싶었습니다. 그래서 일단 1등 친구를 믿어 보자는 마음으로 에듀플렉스를 찾아갔습니다.

에듀플렉스에서는 선생님이 아니라 '매니저님'이 공부를 관리하고 도와준다고 했습니다. '매니저라고?' 연예인도 아닌데 매니저가 있다는 말에 신기하고 낯설었습니다.

저는 일단 매니저님께 예고를 준비하는데 내신 점수가 너무 낮으니 도와주셨으면 좋겠다고 얘기했습니다. 매니저님은 저에게 첫인상이 영리해 보인다며 남은 3주 동안 최선을 다하면 좋은 결과가 있을 것이라고 말씀해 주셨습니다. 의심이 들기도 했지만, 처음으로 제 공부에 관심을 가져 주신 분이라 한편으로는 기분이 좋았습니다.

공부 무한도전

공부는 생각만큼 쉽지 않았습니다. 예고라는 목표가 있었지만 중간에 계속 고비가 찾아왔고 무엇보다도 오래 앉아서 공부하는 것이 무척 힘들었습니다.

하지만 매니저님을 처음 만난 날, 매니저님이 저에게 '영리해 보인다'고 했던 그 말이 주문처럼 머릿속에 맴돌았습니다. 얼굴만 한 번 보고도 그걸 알아채는 매니저님은 점쟁이가 아닐까 하는 생각도 들었습니다. 어쩐지 매니저님 말처럼, 매니저님이 시키는 대로 하면 좋은 결과가 있을 것 같다는 생각도 들었습니다.

그래서 매니저님이 학교 시험을 준비하려면 수업 시간에 선생님 말씀을 잘 들어야 한다고 해서 수업도 열심히 들으려 했습니다. 시험 힌트도 노트에 적고 과목별 프린트도 챙겼습니다. 안 하던 노트 정리도 했습니다. 영어와 수학도 공부했으나 워낙에 예전에 해 놓은 것이 없었기에 한 번에 성적을 올리기 어려워 보여, 암기 과목 점수를 올리는데 집중했습니다.

점차 기말고사가 가까워지자 마음이 급해져 시험 전날 잠을 제대로 자지 못해 심하게 몸살이 나기도 했습니다. 하지만 무조건 공부를 많이 해야 된다는 생각에 컨디션은 신경도 쓰지 않았습니다. 그렇게 시험을 치르게 되었고 드디어 성적표가 나왔습니다. 결과는 평균 30점 상승! 잠도 안 자면서 죽기 살기로 공부한 만큼 성적이 올랐지만 여전히 평균은 60점대라 많이 뿌듯하지는 않았습니다.

성적표를 들고 매니저님께 가서 보여 드렸더니 매니저님은 마치 자기 일인 양 기뻐하셨습니다. "공부하는 게 처음이라 많이 기대하지는 않았는데 어떻게 3주 만에 평균을 30점이나 올릴 수 있냐"며 3주 동안 수고가 많았다고 격려해 주셨습니다.

2학년 겨울 방학이 찾아왔고, 좀 더 공부 시간을 늘려 보고자 방학 프로그램인 '공부 무한도전'에 참여하게 되었습니다. 속으로 '방학 동안 최선을 다하면 3학년 2학기 때는 1등 친구도 따라잡을 수 있지 않을까?' 하는 기대도 했습니다.

이를 위해 먼저 1학기 중간고사 때는 90점을 받겠다는 큰 목표를 잡고 아침 10시부터 저녁 10시까지 공부하는 계획표를 짜 학습했습니다. 처음에는 그 긴 시간 동안 내가 버틸 수 있을까 걱정이 많이 되었지만, 중간에 음악 학원 가는 시간도 넣고 기타 치는 시간도 있었기에 위안이 되었습니다.

한자급수시험 준비에 독서하고 독서록 쓰기, 영단어 암기 후 테스트까지 빡빡한 하루가 계속해서 이어졌습니다. 난생처음 그렇게 많은 시간을 공부해서 그런지 겨울 방학은 매우 길게 느껴졌습니다. 중간에 집중력이 흐트러지거나 기분이 우울해지면 매니저님을 찾아가 음악 교수가 되는 법을 찾거나 대학교를 탐색하면서 마음을 다잡았습니다.

음악에서 공부로!

기나긴 겨울 방학이 끝나고 3학년 첫 중간고사를 준비하면서 매니저님과 진로 상담을 나누었습니다. 매니저님은 제가 공부가 무서워 피하는 것이 아니라면, 공부 쪽으로 진로를 정해도 승산이 있을 것이라고 말씀하셨습니다.

저는 만약 이번에도 평균이 30점 오른다면 과감히 음악을 접고 진로를 공부로 정하겠다고 농담 반 진담 반으로 이야기했습니다. 그

때는 '설마 또 30점이 오르겠어?' 하는 생각이었습니다.

이번에는 골고루 성적을 올리는 것을 목표로 구체적으로 학습 계획을 잡았고, 집에서 공부하는 시간도 늘렸습니다. 이번 시험 때는 컨디션 조절을 제대로 해야겠다는 생각에 벼락치기가 아니라 3월부터 시험 대비 공부를 해 나갔습니다.

치열한 중간고사가 끝나고 두근거리는 마음으로 성적표를 열었습니다. 안타깝게도 90점을 넘기지 못한 '89점'. 컨디션이 좋았다면 90점도 넘길 수 있지 않았을까 하는 아쉬움이 남았지만, 예전에 비해 너무나 많이 오른 성적에 뛸 듯이 기뻤습니다. 태어나서 처음으로 받은 높은 점수였고 공부의 기쁨이란 이런 것이구나를 느낀 순간이었습니다.

매니저님은 "어떻게 시험 두 번 만에 평균이 50점이나 오를 수 있냐"며 무척 좋아하셨습니다. 하지만 아쉽게도 부모님께서는 그저 담담히 잘했다고만 말씀하셨습니다. 제 인생에서 처음으로 받은 높은 점수인데 부모님이 크게 기뻐하지 않으셔서 속상했습니다.

매니저님과 저는 기말고사를 정말 잘 봐서 부모님을 깜짝 놀라게 해 드리자고 약속했습니다. 공부에 대한 확신이 더욱 생겼고, '지금보다 좀 더 열심히 한다면 공부로 꿈도 이룰 수 있지 않을까?' 하는 욕심도 생겼습니다. 중간고사가 끝나고 저는 과감히 진로를 음악에서 공부로 바꿨습니다.

드디어 전교 1등!

기말고사를 준비하면서 매니저님과 공부에 방해되는 요인부터 제거하기로 했습니다. 그래서 시험 대비하는 한 달간 스마트폰을 제출하기로 했습니다. 그리고 목표 성적을 93점으로 잡고 만약 달성하지 못한다면 한 달간 스마트폰을 더 보관하기로 약속했습니다.

전과는 다르게 내가 부족한 부분이 무엇인가 곰곰이 생각하고 학습 계획을 잡았고, 매니저님께 학습 계획을 추가로 더 넣어 달라고 요청했습니다. 두 번의 시험을 보는 동안 몸살로 고생을 했기 때문에 컨디션 관리를 위해 잠도 자고 밥도 잘 챙겨 먹었습니다. 공부가 아닌 다른 고민이 생기면 매니저님을 찾아가서 속 시원히 털어놓았고 그러고 나면 마음이 한결 편안해졌습니다. 공부하기 싫을 때마다 나를 에듀플렉스로 오게 해 준 1등 친구와 매니저님께 꼭 멋진 모습을 보여 주겠다고 다짐했습니다.

아직은 영어 공부에 자신이 없었기 때문에 영어 문장을 통으로 암기하려고 했고, 수학은 교과서를 세 번 이상 풀었습니다. 시험이 다가오자 3주 전부터 새벽 2~3시까지 공부했고 공부한 내용은 사진을 찍어서 매니저님께 PC 카톡으로 메시지를 보냈습니다.

시간이 흘러 기말고사가 찾아왔습니다. 드디어 시험지를 채점하는데, 가채점을 할 때마다 점수가 100점 아니면 90점대로 나왔습니다. 정확한 점수는 아니지만 어떤 날은 세 과목 모두 100점이기도 했습니다. 매니저님과 저는 시험 채점 기간 내내 흥분의 도가니였습니다.

서술형 채점까지 모두 마무리한 뒤, 담임 선생님께 제 등수를 여쭤 봤습니다. 선생님께서는 2년간 전교 1등을 한 학생보다 제가 시험을 더 잘 봤다며 드디어 '전교 1등'을 했다고 말씀해 주셨습니다. 평균은 무려 98점이 나왔습니다!

　설마설마 했는데 제가 전교 1등을 하다니! 그저 신기하고 놀라웠습니다. 학교가 끝나자마자 매니저님께 달려가서 이 사실을 말씀 드렸습니다. 부모님께서도 이번에는 엄청나게 기뻐하셨고, 태어나서 처음으로 아버지께 칭찬도 받았습니다.

　공부를 잘하게 되자 많은 것이 바뀌었습니다. 그동안 가지고 있었던 불안감은 사라지고 앞으로 멋진 어른이 될 수 있을 것 같은 확신이 생겼습니다. 이제 저의 꿈은 서울대학교 건축학과에 진학해 나중에 건축 회사를 차리는 것입니다.

　작년 겨울 방학 때까지만 해도 제가 서울대학교에 가겠다고 하면 주위에서는 웃었습니다. 하지만 이제는 아닙니다. 아무도 저를 비웃지 못합니다. 매니저님과 저는 제가 꼭 목표를 이룰 수 있다고 굳게 믿고 있습니다.

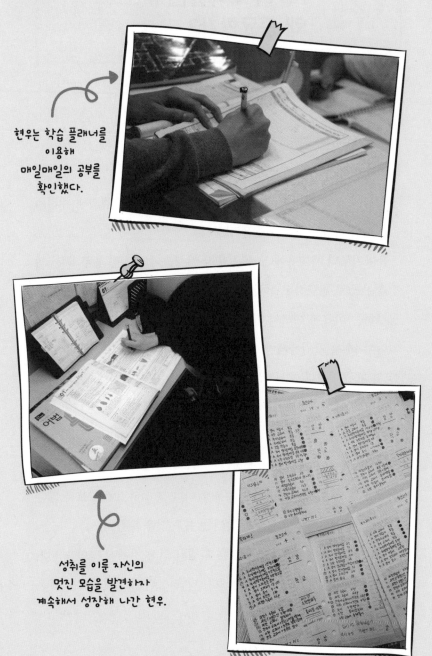

현우는 학습 플래너를
이용해
매일매일의 공부를
확인했다.

성취를 이룬 자신의
멋진 모습을 발견하자
계속해서 성장해 나간 현우.

01 자기주도학습은 왜 중요한가?

자기주도학습이란, 학생이 스스로 공부 목표를 세우고 공부 방법과 전략과 도구를 결정한 후 자기 힘으로 공부하고, 그 결과에 대하여 스스로 평가까지 하는 학습을 말한다.

유아기부터 사교육에 노출된 우리 학생들이 이처럼 공부의 전 과정을 스스로 판단하고 실천한다는 것은 생각만큼 쉬운 일이 아니다. 공부하는 이유에 대하여 깊이 있게 성찰해야 하고 과목별 공부법을 알아야 하며, 자기에게 딱 맞는 교재와 강의를 선별하는 눈을 지녀야 한다. 무엇보다 자기 힘으로 글을 읽고 이해할 줄 아는 학습 기본기가 있어야 혼자 하는 공부가 가능하다.

이것은 결코 간단한 일이 아니다. 올바른 방법을 익힌 후 오랜 기간 실천을 통해 단련되어야 한다. 학원 수업에 수동적으로 공부를 의탁하는 것에 비하면 무척 어려운 일이다. 그러하기에 그토록 많은 학생들이 학원 진도에 공부를 맡기는 쉬운 길을 택한다.

그러나 스스로 공부하는 능력은 학생의 인생 전체에 영향을 끼치는 매우 본질적이고 중대한 문제다. 학습 능력은 일차적으로 좋은 성적을 얻고, 원하는 대학에 입학하기 위한 수단이기도 하지만, 더 나아가 한 사람이 일평생 사회 속에서 공부하고 성장하기 위해 꼭 갖추어야 하는 역량이기도 하다.

세상을 살아가면서 새로운 지식을 별 거부감이나 두려움 없이 쉽게 쉽게 배우는 사람이 있고, 낯선 정보 앞에서는 일단 주눅부터 들고 보는 사람이 있다. 무엇이든 배우고 이해할 수 있다는, 자신의 능력에 대한 믿음은 삶의 모든 도전의 기초가 되어 준다.

초중고 12년 동안 학생들이 연마하는 것은 공부하는 방법과 노하우다. 학생들은 각자의 성격과 능력에 맞는 방식으로 공부 역량을 키워 간다. 공부에 관여하는 사람이 지나치게 많아서 혼자 공부하는 연습을 전혀 해 보지 못한 학생들도 있고, 작은 조언조차 해 주는 사람이 없어 모든 시행착오를 빠짐없이 경험하며 힘들게 공부하는 학생도 있다. 이러한 양극단의 중간 어디쯤에 대다수의 학생들이 존재한다.

내용을 잘게 씹어 주고, 삼키는 방법까지 일러 주는 사람을 곁에 끼고 공부한 학생은 어찌어찌해서 대학까지는 들어갈 수 있다고 쳐도, 그 이후로는 정상적인 학습자로 기능할 수 없게 된다. 과외받는 대학생이라는 우스꽝스럽고 모순된 존재는 이미 도처에 흔하다. 이들은 성장기 동안, 살면서 반드시 필요한 주요 능력을 훈련하지 못한 채 세상에 서야 하는 어설픈 어른이 되어 버린 것이다.

반면에 혼자 공부하는 것이 중요하니 무턱대고 혼자 공부하라고 방치하는 것도 능사는 아니다. 공부의 전 과정이 어린 학생들에게 그렇게 만만한 것이 아니다. 학창 시절 누군가 조금만 도와줬더라면 삶이 달라졌을 것이라는 한스러움을 가슴에 품고 사는 어른들도 많다. 이는 공부에 필요한 조언이나 격려가 방황과 고통을 줄이는 데 크게 도움이 된다는 사실을 의미한다. 더구나 예전에 비하여 월등히 복잡해진 입시 제도는 학생들에게 공부에 대한 부담과 불안감을 가중시킨다. 스스로 공부할 수 있는 능력이 자라나기 위해서는 학생이 스스로 성장할 수 있도록 적정한 조언과 격려가 필요하다.

"게임 레벨 상위권에서
공부 상위권으로"

전교 320등 ➡ 4등
평균 65.2점 ➡ 94.8점

평균 60점에 만족했던 아이

저는 원래 새벽까지 컴퓨터 게임을 했습니다. 화가 나신 아버지는 마우스와 키보드 선을 잘라 버렸습니다. 어느 날 어머니가 신문에서 '자기주도학습'을 한다는 에듀플렉스를 접하시고는, 이곳에 다니면 새 마우스와 키보드를 사 주겠다고 하셨습니다. 그렇게 해서 저는 에듀플렉스와 처음 만나게 되었습니다.

　에듀플렉스는 학원과 달리 매니저님이 학생들의 공부를 관리해 준다고 했습니다. 갑자기 학습 매니저가 생긴다고 하니 제가 마치 중요한 사람이라도 된 듯한 기분이 들었습니다. 하지만 그런 생각도 잠시, 첫날 매니저님과 상담하는 동안 제 머릿속에는 온통 집에 가고 싶다는 생각만 가득했습니다.

중학교 2학년이던 그때 저의 평균 점수는 60점대. 하지만 제 친구들 무리에서는 그나마 제가 공부를 잘하는 편에 속했기 때문에 공부를 안 하는 것 치고는 괜찮은 점수라고 스스로 위로했습니다.

원치 않았던 공부, 그리고 방황

에듀플렉스에서 처음 공부를 시작했을 때만 해도 매일 3시간 이상 공부하는 것이 매우 힘들었습니다. 그때 매니저님은 제게 노트 필기하는 방법을 알려 주셨는데, 제가 참고서 내용을 노트에 정리한 것을 보시고 칭찬해 주셨습니다. 공부로 누군가에게 칭찬을 받은 것은 거의 처음이라 쑥스러우면서도 한편으로는 뿌듯했습니다. 게임에서 레벨이 올라갔을 때만큼은 아니지만, 매니저님의 칭찬에 공부가 조금 재미있다고 생각했습니다.

자기주도학습을 시작하고는 예전에 학원에서 무작정 수업을 들었던 것과 달리 혼자 공부하는 시간을 많이 가질 수 있었습니다. 그렇게 4개월을 공부하고 처음 치른 2학년 2학기 중간고사, 생각지도 못하게 성적이 올라 평균 85점을 받았습니다.

'어라, 조금 했더니 성적이 오르네?' 이런 마음이 드니 그 후에도 계속 텀스케줄(중장기 공부 계획)을 짜고 계획대로 공부해 봐야겠다는 의지가 생겼습니다. 어쩌면 공부도 내가 시간을 투자하면 곧바로 점수가 상승하는 게임과도 같다는 느낌이 들었습니다. 그렇게 실천한 결과, 기말고사에서 또 성적이 올라 평균 89점을 받게 되었습니다. 자기주도학습을 시작하고 두 번의 시험에서 성적이 모두 오른 것을 경험한 뒤, 어느덧 겨울 방학이 찾아왔습니다.

막상 방학이 되자 방학에도 공부를 해야 한다는 것이 싫었고 또다시 매일 게임만 하고 싶었습니다. 그래서 한동안 공부를 그만두고 방학 동안에 아르바이트를 하겠다고 부모님께 말씀드렸습니다. 부모님은 저의 철없는 소리에 한숨을 쉬시더니 어디 한번 해 보라며 아버지 아시는 분 회사에 저를 소개시켜 주셨습니다.

그 회사는 인쇄회로기판(PCB)을 만드는 회사였는데 그곳에서 걸레를 빨고 청소를 하고 주변을 정리하는 일을 했습니다. 공부를 할 때보다 시간이 더 가지 않는 것만 같아서 일을 하게 된 것을 잠시 후회하기도 했습니다. 일당으로 하루에 4만 원을 벌었고, 저는 그 돈으로 게이머용 마우스와 키보드를 샀습니다.

아르바이트로 겨울 방학이 끝난 뒤에도 매일 게임을 하면서 하루하루 즐거운 시간을 보냈습니다. 시험 기간에도 부모님의 눈치를 보면서 게임을 즐겼습니다. 저의 게임 레벨은 전국 상위 0.1% 안에 드는 수준이 되었습니다. 이런 생활이 반복되면서 성적은 계속 떨어졌고, 80점대 후반으로 끌어올렸던 성적은 60점대로 원상복귀 되었습니다.

다시 공부

중학교 3학년 겨울 방학이 되자, 저는 고등학교 진학이 조금씩 걱정되기 시작했습니다. 그렇지만 여전히 게임의 유혹에서 벗어나지 못한 채, 머리로는 걱정을 하면서 몸은 여전히 게임만 하는 시간이 계속되었습니다.

그러던 어느 날, 게임을 하고 남는 시간에 「아이언맨」이라는 영화를 봤습니다. 아이언맨이 슈트를 입고 악당과 싸우는 장면을 보니 어느새 그 영화에 빠져들었습니다. 그리고 이렇게 게임을 하느라 시간을 축낼 일이 아니라 나도 저런 슈트를 만들고 싶다고 생각했습니다.

그런 생각도 잠깐, 결국 저는 게임을 끊지 못한 채 고등학교에 진학하게 되었습니다. 고등학생이 되었으니 이제 공부를 좀 해야겠다는 생각이 들었지만, 어디서부터 어떻게 공부에 손을 대야 할지 몰라 그저 막막하기만 했습니다. 그때 다시, 에듀플렉스에서 한번 더 스스로 공부해 봐야겠다는 생각이 들었습니다.

새로운 도약을 위한 준비

1년 남짓한 시간이 지나고 오랜만에 매니저님을 다시 만나니 반가운 마음이었습니다. 매니저님도 저를 기쁘게 맞이해 주시며 "민규야, 믿는 만큼 이루어질 것이니 꿈을 크게 가져 보자. 게임 레벨을 상위권으로 올렸듯이 공부도 열심히 하면 상위권이 될 수 있어"라고 말씀하셨습니다. 저도 달라진 마음으로 이왕 공부하는 거 내신 등급을 잘 받아 보자고 마음먹었습니다.

저는 의욕이 앞서서 매니저님과 짠 텀스케줄보다 공부를 더 해야 한다는 생각에 학습량을 늘리는 데 집중했습니다. 수행평가를 잘 받기 위해 학교생활도 충실히 했습니다. 노트 필기가 중요하다는 매니저님의 말씀이 생각나서 암기 과목은 학교 수업 때 배운 내용이나 프린트 내용을 다시 정리했습니다. 영어는 내신 위주로 학습했는데 개별 지도 시간에 받은 빈칸 확인 문제가 도움이 되었습니다.

학교가 끝나면 정말 시간 가는 줄 모르고 에듀플렉스에서 매일 7시간씩 공부했습니다. 컴퓨터 게임은 더 이상 하지 않았습니다. 공부에 많은 시간과 노력을 투자하고 나니 점점 더 성적에 욕심이 생겼습니다. 게임을 할 때 레벨을 올리기 위해 투지가 생겼던 것과 비슷한 마음이 공부에서도 일었습니다. 물론 공부를 하지 않다가 다시 해서 그런지 늘 예민하고 피곤했지만 꾹 참고 고비를 넘기려 애썼습니다.

그렇게 치른 고등학교 1학년 1학기 첫 중간고사, 저는 놀랍게도 평균 85점으로 반에서 5등을 차지했습니다. 게임도 끊고 새로운 마음으로 하루 7시간씩 자기주도학습을 한 효과가 분명히 있었습니다.

내 꿈은 제2의 앨론 머스크

저는 몇 달 뒤 있을 기말고사에서 '평균 100점'을 받겠다는 목표를 잡았습니다. 목표는 말할수록 실현된다는 이야기를 듣고 부모님과 매니저님, 그리고 학교 친구들에게도 이런 저의 목표를 말했습니다. 물론 저희 반 1등과 반 친구들은 저를 비웃었습니다. 하지만 매니저님은 꼭 그렇게 할 수 있다고 응원해 주셨습니다.

먼저 중간고사에서 점수가 잘 나오지 않았던 수학과 국어 과목을 집중적으로 공부했습니다. 수학은 100점을 목표로 부족한 개념은 인터넷 강의를 듣고 교과서를 세 번 이상 반복해서 풀었고 문제 유형을 익히기 위해 문제집을 두 권 더 사서 풀었습니다. 또 단원별로 중요한 문제 풀이를 따로 필기했습니다. 국어는 학교에서 나눠 준 수업 프린트와 노트 필기 위주로 완벽히 알 때까지 공부하고, 학교 선생님이 나눠 주신 문제 프린트를 반복해서 풀며 문제의 감을 익혔습니다. 과학은 그림까지 다 베끼던 것에서 중요한 부분만 골라 노트에 정리했습니다.

시험에서 완벽하게 문제를 다 맞히고 싶은 마음에 저는 학교 쉬는 시간에도 계속 공부하고, 점심 시간에도 빨리 식사를 하고는 남는 시간에 공부했습니다. 늘 밤 12시까지 공부하고 새벽 5시에 일어나서 학교에 가기 전까지 또 공부했습니다. 목표가 생기니 힘들다는 생각보다는 시간이 아깝다는 생각이 들었습니다.

드디어 기말고사, 그동안의 제 노력이 시험받는 날이라는 생각으로 침착하게 문제를 풀었습니다. 게임이 아니라 처음으로 목표를 세우고 내 힘으로 도전하고 노력한 만큼, 더욱 긴장이 되었습니다.

그렇게 치른 기말고사 결과는 평균 94.8점, 지필평가 전교 4등! 목표로 했던 올백은 아니었지만 제 눈으로 보고도 믿을 수 없는 성과였습니다. 사회 3등급, 과학 2등급을 제외하고 나머지 과목에서는 모두 1등급을 받았습니다. 자기주도학습을 통해 스스로 공부하면서 이만큼 성장한 것이 정말 뿌듯했습니다. 저를 비웃던 우리 반 1등과 친구들도 저를 새롭게 보는 듯했습니다.

제 다음 목표는 2학년 중간고사에서 반드시 평균 100점을 받는 것입니다! 카이스트 기계공학과에 진학해 꼭 로봇공학자가 되어 아이언맨 슈트와 같은 아이템을 만들겠다는 새로운 꿈도 생겼습니다. 어디에 의존하지 않고 제 스스로 공부해 꿈을 이루는 경험을 하고 나니, 언젠가는 저도 꼭 '제2의 엘론 머스크'가 될 수 있다는 확신이 듭니다!

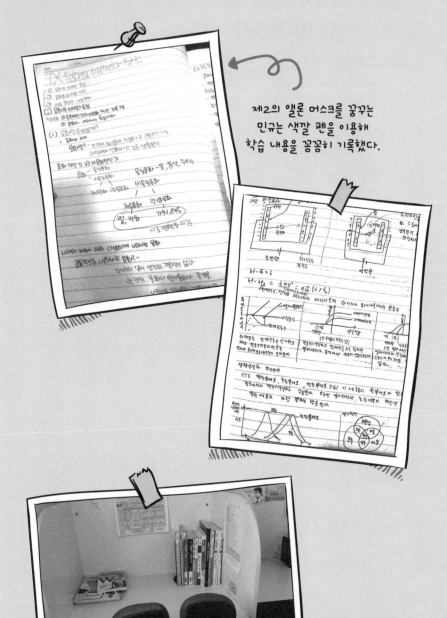

제2의 앨론 머스크를 꿈꾸는
민규는 색깔 펜을 이용해
학습 내용을 꼼꼼히 기록했다.

02 무엇이 공부하게 만드는가?

생각, 마음, 행동의 삼위일체

스스로 의지를 갖고 열심히 공부하는 학생이 되기 위해 필요한 것은 무엇일까?

우선 공부에 대하여 긍정적이고 올바른 생각을 정립하는 것이다. 공부의 필요성에 대하여 합리적인 사고를 할 줄 알아야 마음의 안정을 찾을 수 있다. 두 번째는 공부를 열심히 하고 싶다는 마음이다. 아무리 합리적으로 생각한다 할지라도 마음이 동하지 않으면 사람은 변화하지 않는다. 머리로는 알겠는데, 이상하게 마음이 내키지 않으면 공부가 안 된다. 마지막으로는 생각과 마음에 따라 실제로 몸을 움직여 공부에 몰입할 수 있는 습관을 지니고 있어야 한다. "공부, 필요하지", "공부, 열심히 해야지." 입으로만 얘기하고 정작 몸은 게임기만 만지작거리고 있는 학생이 공부를 잘하기는 만무한 일이다.

반에서 15등 정도의 성적을 받는 중학교 2학년 세 명의 학생이 있다. 주요 과목은 싫어하고 암기 과목은 귀찮아 하는 전형적인 중하위권 학생들이다. 이 학생들의 성적을 올리기 위하여 우리가 주목해야 할 것은 무엇일까? 결론부터 말하자면 학생에 따라 다르다.

철민이는 공부를 왜 해야 하는지 전혀 이해할 수 없다. 공부하라는 소리를 들으면 화가 난다. 철민이가 참아 줄 수 있는 공부의 총량은 시험 기간에 하루 두 시간 정도가 끝이다. 철민이가 공부만 생각하면 화부터 치미는 까닭은 이 과도한 공부가 자기의 일이 아니라고 생각하기 때문이다.

철민이는 진심으로 자신의 본업이 '노는 것'이라 생각한다. 태어나서 지금까지 어린이 신분으로 평생을 살아온 철민이는 어느 날 문득 중학생이 되어 버렸다. 신분은 껍데기에 불과할 뿐 철민이의 내면은 아직 어린이 시절에 머물러 있다. 어린이의 권리와 의무는 노는 것이라고, 늘 그렇듯 철민이의 본능은 외치고 있다.

그렇기 때문에 철민이는 자신의 고유 권한을 침범하는 모든 상황이 견딜 수 없다. 공부는 자기 것이 아니라 저 극성스러운 엄마의 것이다. 엄마 얼굴을 봐서 예의상 최소한의 공부 시늉은 하고 있지만, 그것이 정도를 넘어서면 봐줄 마음이 사라지는 것이다.

지금 철민이의 성적 향상을 위해 필요한 것은 학원이나 과외가 아니다. 자신이 더 이상 아동이 아니고 청소년기 학생이 되었다는 것과, 청소년기 학생은 이전보다 늘어난 학습을 수행해야 한다는 엄연한 사실을 받아들이는 일이 급선무다. 철민이에게 필요한 것은 생각의 전환이다.

두 번째 학생 민주의 경우는 좀 다르다. 민주는 열심히 공부한다.

중학생이 되었으니, 초등학교 때와는 달라져야 한다고 스스로도 생각한다. 그러나 민주는 자신이 아무리 열심히 공부해도 결코 상위권이 될 수 없을 것이라 믿고 있다.

공부 잘하는 명문대생 언니 오빠 아래서 민주는 늘 상처받고 자라왔다. 노력해도 성적은 하위권이었고, 시험 기간만 되면 소화도 되지 않았다. 학교를 다니는 동안 민주는 공부와 관련해서 칭찬을 받은 기억이 거의 없다. 공부가 학생의 의무라고 스스로 인정하는 민주에게 자신의 본업과 관련된 열등감은 다른 무엇보다 더 큰 좌절을 남겼다.

사람은 누구나 신명 나는 일에 몰입하게 된다. 그리고 몰입되지 않으면 제대로 수행할 수 없는 가장 대표적 일 중 하나가 바로 공부라는 두뇌 활동이다. 공부 때문에 기쁨과 신명을 경험해 본 적 없는 민주에게 공부는 늘 부담스럽고 고통스러운 어떤 것이었다. 객관적으로 대단한 성공이 아니어도 공부를 통해 다양한 성공을 경험하는 것은 매우 중요하다. 잘할 수 있다는 마음이 생기고, 그 마음을 근거로 공부에 대한 안정감이 깃들며, 그 안정감 위에 공부를 통해 이룩할 미래의 희망이 싹트기 때문이다. 민주에게 필요한 것은 공부 때문에 무너진 자기 효능감을 공부로써 회복하는 일이다.

세 번째 학생 진수의 가장 큰 문제는 게으르고 유혹에 약하다는 점이다. 책상에 앉기까지 시간이 많이 걸리고, 약속한 것을 미루기도 잦다. 해야 할 과제를 제시간에 마치지 못하는 경우도 종종 있으며, 앉아서 공부하는 것보다 침대에 엎드려서 책을 보는 것을 좋아한다. 공부를 하려면 책보다 과자 접시부터 챙기며, 공부하는 중간에 수시로 카톡을 확인한다.

몸은 공부방에 앉아 있지만, 귀는 거실로 열려 있어서, 자기 방에 앉아 있다가도 거실에서 식구들끼리 나누는 대화에 불쑥 끼어들기도 잘한다. 한 시간에 물 마시러 나오는 경우가 다섯 번이 넘을 때도 있다.

진수에게 시급한 것은 공부를 할 수 있는 몸의 습관을 만드는 일이다. 진수의 몸은 공부를 열심히 해 본 기억을 품고 있지 않다. 환경을 정돈하고 질서를 다잡아 일단 집중적으로 공부하는 경험을 만들어 보는 것이 진수에게 가장 중요한 처방이다.

이처럼 학생이 공부에 몰두하지 못하는 이유는 학생마다 다르다. 공부에 대한 올바른 생각을 정립하고, 공부에 대한 열정을 품고, 실제로 몸을 움직여 규칙적으로 공부하는 학생을 만들기 위해서는 학생의 전 존재를 유기적으로 살펴야 한다. 공부는 그만큼 복합적인 행위이기 때문이다.

03 1시간 배우면
3시간 자기공부가 필요하다

학교에서 종일 수업을 들은 학생이, 학교 끝나자마자 학원으로 직행해 다시 몇 시간 동안 수업을 듣는다. 이것이 많은 중고등학생들이 겪는 평범한 모습이다. 하루 종일 수업만 들으면, 들은 내용이 언제 머릿속에 저장되는지 걱정이 되기도 하지만, 별다른 대안을 찾기도 어려운 실정이다.

학부모 역시 이 상황이 썩 만족스러운 것은 아니다. 그러나 학원 수업이라도 듣고 숙제라도 해 가면, 그나마 아무것도 안 하는 것보다는 나을 것이라는 생각에 위안을 삼는다. 그래서 과도하게 숙제가 많기로 악명 높은 학원이 학부모들 사이에 인기가 많다.

제대로 공부시키는 곳이라는 유명세를 얻으려면 학생에게 지나친 숙제를 내주고 가혹하게 학생을 압박하여, 학생이 일주일 내내 학원 숙제만 하게 만들면 된다. 학부모의 눈에는 적어도 그 학원을 보내면 학생이 공부를 하는 것처럼 보이기 때문이다.

그러나 자기 학원 숙제를 완수하려면 다른 공부는 거의 포기해야 하는 이기적 프로그램을 강요하는 학원은 심각하게 지탄받아야 마땅하다. 그들은 학생의 균형 잡힌 공부전략에 대해서는 관심이 없다. 오로지 학원의 명성을 위해 학생의 학습 전체를 무너뜨리는 이기주의적 발상에 기대고 있을 뿐이다.

대형 영어 학원을 다니며 무지막지한 숙제량에 허덕이던 한 학생은 영어 한 과목을 건진 대신 다른 주요 과목 성적이 폭락하는 절망을 맛보았다. 안타까운 것은 그러한 학원일수록 학부모의 강한 신뢰와 지지를 받는다는 점이다.

학생마다 급한 공부가 다르다. 주요 과목 중 하나라도 포기하면 입시에 성공하기 어려운 현실에서, 학생의 학습 전반을 살피는 것이 필수다.

영어 실력은 수준 이상인데 수학의 기초가 취약한 학생이라면, 전체 공부 시간에서 수학에 대한 투자를 늘려야 한다. 반대도 마찬가지다. 수학 성적은 최상위권인 반면, 영어는 기질적으로 공부하기 싫어하는 학생도 꽤 많다. 한편 우리말 어휘력이 심각하게 떨어져 자습서나 교과서를 읽어도 제대로 이해하지 못하는 학생들은 공부 계획 중에 어휘력이나 독서 훈련에 대한 배분이 필수다. 보통은 학생의 구체적 학습 상태를 파악하지 못하기에 그냥 주요 과목 모두를 학원에 등록하고, 각 과목 숙제라도 밀리지 않고 해내기를 기대할 뿐이다.

하지만 학생들과 상담을 해 보면, 가장 머릿속에 남지 않는 공부가 학원 숙제라는 이야기를 많이 한다. 차라리 학원 숙제가 있으면 얼른 해치운 다음에, 진짜 자기 공부를 시작한다는 학생도 있다. 학부모들 역시 하루 종일 수업만 듣다가 파김치가 되어 돌아오는 자녀의 모습에서 무엇인가 잘못되었다는 사실을 직감하지만, 그렇다고 해서 모든 학원을 전격적으로 끊어 버릴 용기를 내지는 못한다.

학원 강의나 학교 수업 또는 과외 수업 등을 통해서 배운 내용을 자기화하기 위해서는 3배의 노력이 필요하다. 예습 30분, 배운 직후 1시간, 재복습 1.5시간의 비율로 자기 공부 시간을 투자할 수 있어야만 배운 내용이 나의 실력이 된다. 그러나 현실은 반대다. 3시간 학원 강의를 듣고 1시간 숙제하면 그날 공부는 끝이다.

가장 바람직한 방법은, 수동적인 공부에서 벗어나 학생 스스로 공부할 수 있는 역량을 갖출 때까지, 누군가가 학생에게 스스로 공부하는 방법과 마음가짐을 일러 줄 수 있도록 도와주는 것이다.

현 시점에서 가장 필요한 공부가 무엇인지 판단하고, 전체적 학습 상태를 고려하여 균형 잡힌 계획을 수립하고, 각 과목별로 공부하는 요령을 익히며, 학생 스타일에 맞는 최적의 교재를 세팅한 후, 계획에 따른 공부를 실천하고, 마지막에는 계획한 대로 공부가 제대로 이루어졌는지를 점검하는 과정까지, 학생의 곁에서 빠른 적응을 도와줄 수 있는 전문가가 존재한다면, 과도기의 시행착오와 혼란은 훨씬 줄어들 것이다. 무턱대고 혼자 공부한다고 모든 학생이 갑자기 유능한 학습자가 되는 것은 아니기 때문이다.

고1 유민이 이야기

"롤러코스터 같았던 나의 공부"

전교 270등 ➡ 29등
평균 63.2점 ➡ 92.5점

전교 300명 중 270등

지금까지 제 학창 시절을 돌이켜 보면 한마디로 롤러코스터 같다고 말할 수 있습니다. 저는 원래 학교에서 수업 시간에는 잠을 자고, 쉬는 시간에는 친구들과 게임 얘기만 하는, 전형적으로 공부를 하지 않는 학생이었습니다.

하지만 이런 저를 보고도 부모님께서는 별 걱정을 하지 않으셨습니다. "너는 누나, 아빠, 친척 모두가 공부를 잘했으니 곧 잘하게 될 거야, 우리 집안은 머리가 좋거든"이라고 말씀하셨고, 저는 그 말을 곧이곧대로 믿고 공부를 열심히 하지 않았습니다.

이런 사실을 가장 대표하는 에피소드가 바로 초등학교 때 시험이 었습니다. 어느 날 학교에 갔더니 친구들이 마치 퀴즈 맞히기라도 하는 듯 서로 질문을 하고 대답을 주고받고 있었습니다. "야, 너희들 뭐 하냐?"라고 묻자, 친구들은 "너 몰라? 오늘 시험이잖아"라고 대답했습니다. 보통은 그러면 깜짝 놀라며 "앗, 정말? 나 몰랐어!"라고 대답하겠지만, 저는 친구에게 "아, 그래? 그럼 오늘 일찍 끝나겠네, 마치고 PC방에 가자"라고 말했습니다.

이런 상태로 초등학교를 졸업하고 중학교에 진학했으니 당연히 달라진 것은 없었습니다. 몇 개월 뒤 치른 1학년 첫 중간고사 결과, 저는 전교 300명 중 270등을 기록했습니다. 그런데도 저는 어이없게 '공부를 열심히 하는데 왜 성적이 나오지 않을까?' 하고 생각했습니다.

사실은 수업 시간에도 딴짓을 하거나 졸았고, 교과서나 문제집, 노트 필기 등 공부할 수 있는 자료도 전혀 없는 상태였습니다. 시험을 이틀 앞두고서야 부랴부랴 독서실에 갔고, 독서실에서도 그저 시간만 때우려 했으면서 말입니다. 어리석게도 저는 상위권 학생들이 얼마나 많은 양의 공부를 하는지 전혀 알지 못했습니다.

변하기 시작한 나

저는 우연히 친구를 따라 에듀플렉스에 가게 되었습니다. 처음에는 공부하는 흉내라도 내 보자는 마음으로 책상에 앉았습니다. 거기서 상위권 학생들이 얼마나 많은 양의 공부를 하는지 알게 되었습니다. 하지만 그런 사실을 알았다 해도 평소에 공부하는 습관이 전혀 잡혀 있지 않았던지라, 제 공부 시간이 갑자기 늘 수는 없었습니다.

매니저님이 짜 준 스케줄을 제대로 이행하지 않았고, 뺀질거리다가 들켜 혼이 나기도 했습니다. 그럴 때마다 '괜히 왔나', '매니저님이 밉다', '다니기 싫다'라는 생각만이 머릿속에 맴돌았습니다. 공부하기 싫은 마음에, 어차피 이미 늦었다고 스스로에게 핑계를 대기도 했습니다. 하지만 매니저님은 언제나 저에게 늘 확신에 찬 목소리로 말씀하셨습니다.

"유민이는 잘 할 수 있어. 공부를 잘할 수 있는 잠재력이 너무 많이 있는 걸!"

저는 매니저님이 너무 자신 있게 말씀하셔서 도저히 공부를 포기할 수 없었습니다. 일단 매니저님이 시키는 대로 잘못된 공부 습관을 고치기 위해 학습 계획표를 만들고, 제가 책상에 얼마나 앉아 있는지 시간을 적어 보면서 공부량을 차츰차츰 늘려 갔습니다.

등원 한 달 후, 학교 시험에서 생각지도 못한 성적표를 받게 된 저는 무척이나 놀랐습니다. 성적이 270등에서 무려 150등으로 오른 것이었습니다. 저도 모르는 사이 공부량이 엄청 늘어난 것이었고 성적표가 그 사실을 증명해 주고 있었습니다.

한번 성취감을 맛보니 그 결과가 얼마나 값진 것인지를 깨닫게 되었습니다. 공부량을 조금씩 더 늘려 갔고 집중력도 생기기 시작했습니다. 이때 처음으로 다음 학년 예습도 하게 되었습니다. 학교 수업 시간에도 졸거나 딴짓을 하지 않게 되었습니다.

몇 달 뒤 있었던 중학교 2학년 1학기 중간고사에서 저는 한 번 더 놀랐습니다. 학년 석차가 93등으로 또 올라간 것입니다. 영어 과목은 하위권 반에서 상위권 반으로 올라갔습니다. 수학 점수는 85점이나 나왔습니다. 심지어 국어와 국사는 90점대로 오르고 사회 과목은 98점까지 점수가 상승했습니다. 중학교 1학년 때 하위 10% 안에 들던 제가 2년 동안 엄청나게 성적이 오르게 된 것입니다. 매니저님은 마치 자기 일이라도 되는 양 기뻐하고 저를 격려해 주셨습니다. 담임 선생님께도 처음으로 "유민이, 점점 열심히 하는 게 보인다"는 칭찬을 듣게 되었습니다.

암이라는 시련

하지만 기쁨도 잠시, 제 인생에서 가장 큰 사건이 벌어졌습니다. 성적표를 받고 얼마 지나지 않아 병원에서 암 판정을 받은 것입니다.

"어떻게 나한테 이런 일이… 이렇게 될 줄 알았으면 그동안 공부는 뭐 하러 한 거야."

드라마에나 나오는 줄 알았던 일이 나에게 벌어지자 아무 생각도 나지 않았습니다. 내가 뭘 잘못했길래 나에게 이런 일이 생기는지 억울하다는 생각에 계속 눈물만 났습니다.

항암치료 때문에 어쩔 수 없이 저는 학교도 그만두고 에듀플렉스에서 하던 자기주도학습도 그만두고 일단 암치료를 받기 시작했습니다. 그 이후 1년간 무척 힘들고 외로운 시간을 보냈습니다. 하지만 암과 싸우면서도 짬짬이 집에서 홈스쿨링으로 공부했습니다.

힘겨운 암과의 싸움 끝에 결국 저는 암을 이겨냈습니다. 이제는 그동안 뒤쳐졌던 공부와의 싸움을 시작해야 했습니다. 저는 고등학교에 입학하는 동시에 다시 에듀플렉스를 찾았습니다. 매니저님은 눈물을 글썽이며 저를 힘껏 안아 주셨습니다. 매니저님의 눈물을 보자 저도 왈칵 눈물이 쏟아졌습니다.

이내 마음을 다잡았지만 중간고사 기간이 한 달밖에 남지 않았기 때문에 당장 어떻게 공부해야 할지 막막하고 고민스러웠습니다. 일단은 나를 믿고, 또 매니저님을 믿으며 함께 세운 공부 스케줄을 하나씩하나씩 실행에 옮겼습니다. 그러나 상황은 좋지 않았습니다. 1년의 공백으로 머리가 굳었다는 생각이 들었습니다. 시험이 점점 더 가까워 오자 부족한 점을 채우기 위해 저는 누구보다 열심히 노력했습니다.

드디어 중간고사, 저는 믿을 수 없게도 반에서 5등, 전교 석차 63등이라는 성적을 받게 되었습니다. 중학교 3학년 때 성적에는 미치지 못했지만 1년간의 공백을 생각하면 기적 같은 결과였습니다.

공부 자신감

어느덧 고등학교 1학년 여름 방학이 시작됐고, 저는 미리 수능을 대비하기 시작했습니다. 암이라는 병 때문에 다른 친구들은 학교에서 공부하고 마음껏 놀던 시기에 힘든 시간을 보낸 것이 제 인생의 슬픈 일이기도 했지만, 그 일을 계기로 저의 생각이 완전히 바뀌기도 했습니다. 다시는 좀 더 열심히 공부하지 못한 것에 대해 후회하고 싶지 않았습니다.

여름 방학 동안 저는 이런 마음으로 그날 목표로 했으나 완료하지 못한 공부 스케줄이 있다면 '내가 정말 이대로 괜찮은지', '겨우 치료해서 나왔는데 이렇게 의지가 약한 채로 살아도 괜찮은지'를 생각하며 반성했습니다. 이러면서 "이번 시험은 저번 시험보다 더 잘 봐야지" 하는 오기가 생겼습니다. 정말 최선을 다해서 공부했습니다.

그 결과 중간고사에서 믿을 수 없는 석차가 나왔습니다. 전교 29등을 차지한 것입니다. 고등학교에 들어올 때만 해도 432명 중에 299등이었던 성적이 이제는 뒤에서 숫자 '9'가 하나 빠진 '29등'이 된 것입니다. 요즘에는 새벽 1시까지 공부하는 횟수가 일주일에 네다섯 번으로 늘어났고, 공부에 자신감도 붙게 되었습니다.

성적이 오르고내리기를 반복하고 암이라는 좌절도 있었지만 저는 잘 견뎌 왔다고 생각합니다. 한번 성취를 맛본 경험은 저를 밀어주고 이끌어 주는 큰 계기가 되었습니다.

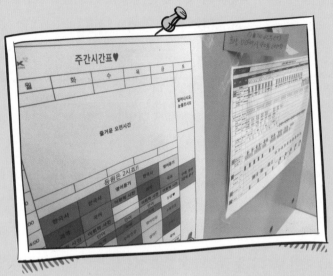

개념 정리와
요점 정리가
잘 되어 있는 노트.

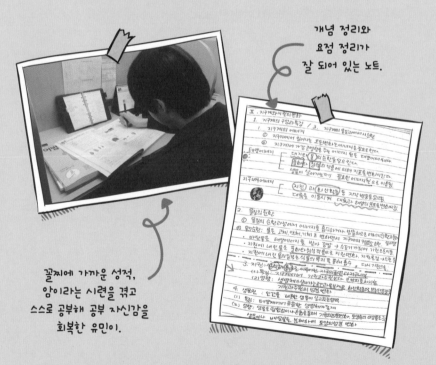

꼴찌에 가까운 성적,
왕따라는 시련을 겪고
스스로 공부해 공부 자신감을
회복한 유민이.

04 나에게 맞는 공부법은 따로 있다

"공부를 잘하려면 어떻게 해야 해요?" 이러한 질문은 막연하기로 따지면, "행복해지려면 어떻게 해요?" 혹은 "건강하게 살려면 어떻게 해야 해요?"라는 질문만큼이나 추상적이고 막막하다. 누구나 더 좋은 방법에 관심을 기울이기 마련이지만, 지나칠 정도로 공부법에 관심이 쏠린 학생들이 있다. 더 정확하게는 공부법이라기보다, 공부 묘책에 대한 관심이다.

이 학생들은 공부 잘하는 사람들에게는 그들만의 비책이 숨겨져 있을 것이라 가정하고, 최상위권의 숨겨진 비밀을 알게 되는 순간 자신도 그들처럼 우등생 반열에 등극할 수 있다고 확신한다. 위대한 자의 탁월성을 본받겠다는 것을 나쁘다 할 수는 없겠으나, 노력과 실천에 투자해야 할 많은 시간을 타인의 비법을 사냥하는 데 쓴다는 것은 어리석은 시간 낭비다.

성훈이의 책꽂이에는 자습서나 참고서만큼이나 많은 종류의 공부법 책이 꽂혀 있다. 유행하는 각종 공부법 관련 책은 읽지 않은 것이 없을 정도다. 온갖 역경을 물리치고 서울대에 합격한 인생 역전의 주인공이 간증하는 진학 수기, 교육 선진국에서 수천 년 구비 전승된 유럽식 공부 비법, 자식을 명문대에 보낸 학부모가 남몰래 털어 놓는 자녀 양육 방법, 그대로 따라 하다가는 가랑이 찢어질 것이 뻔한 하버드 대학생의 공부 방법 등.

성훈이는 자신이 공부를 못하는 이유가, 아직까지 자신이 찾아내지 못한 황금의 비결 때문이라고 확신하고 있으며, 공부라는 것이 숱한 불면의 밤을 지새며 놀고 싶고, 쉬고 싶은 욕망과 투쟁하며 우직하게 실천하는 것이라는 사실은 모르고 있다. 공부의 중심에 선 나 자신에 대한 성찰을 가로막는 것은 이러한 비법에 대한 목마름이다. 학부모도 마찬가지다. 수많은 학습 세미나에 학부모들이 모여드는 것도 이러한 갈증과 다르지 않다.

60명도 넘는 학생이 한 반에 바글바글 모여 주입식 수업을 듣고, 암기 위주의 시험으로 실력을 줄 세우기 하던 시대는 지나갔다. 지금의 교실에는 서른 명도 안 되는 학생들이 어려서부터 자신의 소질과 적성을 가늠하며 개별화된 진로를 탐색하는 교육을 받는다.

어느 누구도 옆에 앉은 친구와 같지 않다. 어쩌면 그것은 교육 환경의 진화로 생겨난 변화라기보다는, 인간은 모두 고유한 기질과 사유 체계를 지니고 있다는 보편적 진리에 대한 새삼스러운 깨달음 덕분일지 모르겠다.

이제 집중해야 할 것은 학생에게 최적화된 방법을 찾는 것이다.

개인적 기질과 흥미를 반영한 미래의 청사진을 기반으로, 살아오며 각자에게 누적된 공부의 장단점을 고려하고, 지독히도 개별적인 한 학생의 내면을 다독이며, 현재 학생을 둘러싼 물리적 환경에 맞는 공부전략을 구축해야 한다.

전교 1등 엄마의 조언도 내 아이에게는 정답이 될 수 없고, 나와 다른 점을 백 가지도 넘게 나열할 수 있는 어떤 천재의 공부법이 공부 역전을 꿈꾸는 나의 탈출구가 될 수 없는 이유가 그것이다.

어딘가 숨어 있을지 모를 보물 같은 공부 지도를 찾아 망망대해를 항해하는 헛수고를 반복하기에는 학생에게 주어진 시간이 너무 짧다. 모든 학생은 각자 이 세상에 존재하는 유일한 사람이며, 그를 위한 공부전략은 오로지 그에 대한 탐색과 성찰에서 시작해야 한다.

05 나는 누구인가?

모든 학생은 각자 이 세상에 존재하는 유일한 사람이며, 그 한 사람을 위한 공부전략은 오로지 그 한 사람에 대한 탐색과 성찰에서 시작해야 한다. 사람의 유형을 나누는 기준은 분류 방법이나 도구에 따라 다양하다. 그중에서 공부에 대한 전략을 수립하기 위한 진단으로 범위를 축소하면 몇 가지 고려해야 할 요인이 드러난다.

감각형 VS 직관형

사람들이 외부의 정보를 받아들이는 방법에 대한 것으로, 다양한 성격유형 검사에서 차용하고 있는 기준이다.

감각형 사람들은 오감을 통하여 직접적이고 경험적으로 수집되는 정보에 주의를 집중한다. 그들이 주목하고 믿는 것은 실제로 벌어지고 있는 사실들과 세부 디테일들이다. 그들은 현재 지향적이며 생활의 다양한 사건과 정보에 관심이 많다.

직관형 사람들은 육감, 예감, 직감, 영감 등으로 표현되는 영적 감각에 주의를 집중한다. 이들은 통찰을 통해 현상의 이면에 존재하는 상황의 가능성과 의미를 추론하는 것을 선호한다. 현재보다는 미래의 가능성에 관심이 많으며 현재의 세부를 관통하는 전체의 구조를 이해하는 것에 능하다.

감각형 학생들의 가장 큰 학습적 장점은 세부 정보에 대한 치밀한 기억이다. 이들은 명확하고 실제적인 내용의 과목일수록 잘 받아들이며, 추상적이고 관념적인 내용을 다루는 과목을 어렵게 여긴다. 수업 시간에 선생님의 말을 잘 기억했다가 빠뜨리지 않고 꼼꼼하게 필기하는 것도 이러한 학생의 특징이다. 고등학생이라면 시험 범위가 명확하지 않은 모의고사보다 제한된 범위를 샅샅이 공부해야 하는 내신 시험을 더 좋아한다. 그러나 사실적 정보에 집중하기에, 이해가 중요한 과목에서 추상적이고 난해한 개념을 받아들이는 데는 어려움을 겪기도 한다. 숲을 그리기보다는 나무 하나하나에 집중하는 유형이기에, 세밀한 정보를 다 외웠지만, 그것들이 모여 어떤 흐름을 이루고 있는지에 대해서는 전혀 감을 잡지 못하는 일도 종종 발생한다. 교재에 명시되어 있지 않은 내용을 묻는 문제를 만났을 때 당황하기도 한다.

직관형 학생들은 공부해야 할 내용의 전체 구조를 파악하는 데 능하다. 공부할 내용의 목차와 얼개를 살피며 큰 밑그림을 파악하고 나서야 공부에 돌입한다. 따라서 받아들인 세부 정보는 그것이 기억되어야 할 정보의 논리적 구조 속에 안정적으로 정착한다. 정보가 오래도록 지속되는 것도 그 때문이다. 그런 의미에서 마인드맵은 이러한 학생들의 주요한 학습 방법이다. 관념적이고 추상적인 개념을 자기만의 방식으로 이해한다. 그러나 전체 구조를 통찰하는 데 능한 반면 구체적 세부 정보를 간과하는 경향이 있다. 공부를 할 때도 열심히 필기하며 손으로 공부하기보다는, 교재를 관조하듯 책에서 조금 떨어진 자세로 게으른 공부를 하기도 한다. 제대로 공부하지만 꼼꼼하게 공부하지는 못할 때가 많은 것이다. 치밀함으로 승부하는 내신보다 모의고사에서 진가를 발휘한다.

감각형 학생과 직관형 학생에 대한 진단을 기반으로 각 유형의 학생에게 부족한 부분을 단련할 수 있는 훈련이 필요하다. 공부법에 있어서도 선호하는 방법에 차이가 드러나며, 생활적인 측면에서도 주의해야 할 포인트가 다르다. 강점은 극대화하고 단점을 보완하는 훈련을 거듭한다면 더 빠른 성장이 가능하다.

기반학습능력

인식 방법에 대한 고려뿐만 아니라 학생의 실질적인 학습 능력에 대한 판단도 필수다. 이는 어떤 과목을 더 좋아하고, 과목별 수준은 어느 정도인지와 같은 레벨 테스트와는 성격이 다르다. 스스로 공부를 할 수 있는 기본적 역량에 대한 측정이며, 이 역량에 따라 학생이 훈련해야 할 공부법이 달라진다. 기반학습 능력은 쉽게 말해 자기 학년의 진도를 감당할 수 있는 기초 역량, 즉 어휘력과 독서 능력이 어느 정도 되는지에 대한 평가를 말한다.

어휘력과 독서 능력은 한국어로 쓰여진 책과 교재를 능숙하고 정확하게 이해할 수 있는 기초 능력을 의미한다. 추상적이고 고급한 한자어 기반 어휘력이 뒷받침되지 않는다면, 학년이 올라갈수록 교과서의 내용을 이해하는 데 어려움을 겪게 된다.

책 읽기 경험이 풍부하여 웬만한 내용을 이해하는 데 어려움을 겪지 않는 학생은 당연히 어휘력도 풍부하다. 어휘력과 독서 능력이 탄탄한 학생은 단지 국어 과목뿐만 아니라 탐구영역을 비롯한 전 교과에서도 학습 성취도가 높다.

과도한 선행학습으로 학원 진도는 자기 학년을 추월하여 멀찌감치 달려 나갔지만, 정작 어휘력은 심각하게 부족한 학생이 적지 않다. 이러한 학생은 모래 위에 집을 쌓은 듯 위험하고 아슬아슬하다. 오랜 시간 누적된 기초 역량의 부실은 선행에 투자한 시간과 노력을 배반하며, 공부 전체를 붕괴시키기도 한다.

기반학습 역량은 그야말로 학습의 기초를 이루는 역량을 의미하고, 기초가 부실한 것은 필연적으로 무너진다는 삶의 철칙은 공부에 있어서도 여지없이 적용된다.

16타입 학생 분류

태생적 기질, 성격, 가치관, 자기 효능감, 성적, 학습 센스, 부모의 개입, 행동 양식, 학습 습관, 사고방식, 감정 패턴, 의사소통 방법, 삶에 대한 비전 등 다양한 요소들을 통해 학생의 유형을 결정하기도 한다. 이를 토대로 학생들은 나만의 진짜 공부 스타일을 정립할 수 있다.

에듀플렉스에서는 7년간 3만 명의 학생들에 대한 빅데이터를 기반으로, 정교하고 통찰력 있는 학생 유형 검사(VLT 4G 검사)를 개발

성향별 16타입 학생 분류

했고, 이 검사를 통해 학생의 공부 유형을 빠르게 이해할 수 있다. 1타입 '엄친아' 타입부터, 16타입 '무심이' 타입에 이르기까지, 검사를 통해 학생 유형에 따른 개별적인 공부전략 수립이 가능하다.

2장

1등이 되는 정신관리

공부는
마음이다

66

가정에서 귀염둥이 역할을 담당했던 초등학교 시절이 끝나갈 즈음,
서서히 먹구름이 드리우듯 변화가 찾아온다.
햇살 가득하던 하늘에 스산한 바람이 불고,
이유를 알 수 없는 불안과 슬픔이 가슴에 가득 차오른다.
무엇인가 시작된 것이다. 사춘기다.
이 질풍노도의 시기 동안 아이들은 신체적으로나
정신적으로 많은 혼란을 경험한다.
스스로, 자기주도적으로 공부하기 위해서는
정신관리, 학습관리, 환경관리가 총체적으로 이루어져야 한다.
그 첫 번째 과제가 바로 정신관리다.

99

01 나를 찾아야 공부가 달라진다

대한민국에는 북한군도 벌벌 떨게 만든다는 무서운 존재가 있다. 중2병을 앓고 있는 중학생이 그들이다. 남한의 평화는 알고 보면 그 막강한 자들이 수호하고 있었던 것이다. 그들은 항상 떼거리로 몰려다니고, 상식을 뒤엎는 행동으로 주변 어른들을 가장 빠른 속도로 패닉 상태에 빠뜨릴 수 있다. 매사 이것저것 불만이 가득하며, 허세 가득한 말투로 욕을 입에 달고 산다. 증상의 심각함에는 조금 차이가 있을 수 있지만 학생들은 예외 없이 홍역을 치르듯 이 무서운 질병을 경험한다. 누구나 중학교 2학년 시절을 피해 갈 수 없듯.

부모의 울타리 안에서 별다른 고뇌 없이 살아가던 아이들은 청소년기가 시작되면서 자아가 분리되는 경험을 시작한다. 타인의 눈에 비친 거울 속의 나와, 그 거울 속의 나를 바라보는 또 다른 내가 탄생한 것이다. 내면의 나는 거울에 비친 나를 요리조리 탐색하고 규정한다.

외모는 어떠한가, 성격은 어떠한가, 무엇을 좋아하고, 무엇을 싫어하나, 무엇을 잘하고, 무엇에 어설픈가, 다른 사람들은 이런 나를 어떻게 볼 것인가. 결국 이 모든 것은 '나는 누구인가'라는 질문으로 요약된다. 자아 정체감의 확립은 청소년기의 가장 중요한 과업이다.

한편 이 시기에는 신체적, 성적, 인지적, 정서적 변화가 동시다발적으로 빠르게 진행된다. 갑작스레 닥친 이 벼락 같은 변화는 세상에 대한 동경과 호기심을 자아내기도 하지만, 동시에 미성숙한 행동으로 수많은 좌절과 불안을 경험하게 한다. 그 불안한 혼란이 중2병이라는 치기 어린 행동으로 표출되는 것이다.

청소년들은 아동과 성인의 어디에도 속하지 못하는 신분 때문에 두 영역에 어중간하게 걸친 자로서의 혼란도 겪게 된다. 경제적으로도, 법적으로도 아무런 능력과 권한이 없는데, 몸은 어른보다 더 커지고 힘도 세다. "나이도 어린 것이"와 "다 큰 녀석이" 소리를 함께 들으며 아직 어린 것과 다 큰 녀석의 역할을 동시에 수행해야 한다.

청소년기의 학생들은 이 혼돈의 시간을 거치며 자신에 대한 통합된 관념을 형성한다. 초등학교 때보다 인지 능력이 월등히 발달하여, 그전까지는 생각해 본 적도 없었던 추상적이고 개념적인 사고를 시작한다. 그에 따라 인생의 그 어떤 시기보다 더 격렬하게 자신의 문제에 대하여 고민하고 갈등한다. 이 과정 속에서 자신의 성격, 취향, 가치관, 능력, 관심, 인간관, 세계관, 미래관에 대한 이해가 명료해지고 자아 정체감을 무난하게 확립한 학생들은 성인이 되어 새로운 도전을 효과적으로 해결할 수 있게 된다.

자아 정체감을 명확하게 확립한 사람일수록 성공의 가능성이 높다. 내가 누구인지를 잘 이해하고 있어야, 인생에서 방황의 시기를 줄일 수 있고, 나의 가치를 이루는 삶을 살 수 있다.

자아 정체감의 확립은 거창하고 난해한 말처럼 들리지만, 결국 내가 어떤 사람인지를 이해하고, 그래서 무엇이 하고 싶은지를 알아가는 과정이라 할 수 있다. 중학교 시절에는 주로 집단에 대한 소속감을 통해 자아 정체감을 확립하고자 노력하는 경향이 있다.

무엇을 해도 친구들과 떼를 이루는 시기다. 고등학생이 되고 성장할수록 개인적인 정체감을 확립하기 위해 자신에 더 집중하게 된다. 중2병 증상이 치유되고 조금은 차분하게 자신의 구체적 미래를 그리게 되는 단계다.

청소년기가 마무리되면 모든 사람은 성인이 되어 사회로 나아가야 한다. 청소년기가 끝남과 동시에 전공과 진로와 직업을 선택해야 하는 상황에 직면하게 되는 것이다. 삶을 좌우하는 중요한 선택의 순간이 오기 전에 자신에 대한 탐색이 이루어져야 하는 이유다.

청소년기에 잘 정립된 자아 정체감은 미래의 자화상을 그리기 위한 밑그림이 되어 주며, 자신에 대한 정립이 분명해질수록 학생들은 무엇을 위해 공부를 해야 하는지 명확해진다.

목표 의식과 진로 의식이 뚜렷한 학생은 그 목표를 이루기 위해 공부가 당연히 필요하다는 사실을 이해하게 되고, 목표를 수행하는 과정에서 자신의 가치와 장점을 확고하게 인식한다. 결국 청소년기의 자아 정체감 확립은 공부에 몰입하는 마음가짐을 갖추기 위한 가장 기초적 토대가 되는 것이다.

또한 부모의 성향도 자녀의 자아 정체감 형성에 중요한 영향을 끼

친다. 자녀를 격려하고 의사를 존중하는 환경은 자녀의 자아 정체감 발달에 큰 도움을 준다. 반면, 자녀의 판단을 무시하고, 자녀가 자기 의견을 표현할 기회를 주지 않으며, 자녀의 자유를 지나치게 박탈하는 권위주의적 가정 환경에서 청소년들은 정체감을 탐색할 의지를 잃어버린다. 아예 어떤 가이드라인도 없이 자녀에게 모든 것을 결정하게 방임하는 것도, 청소년들에게 지독한 혼란을 야기할 뿐이다.

자아 정체감 확립을 도와주는 질문들

- 학교에서 나는 어떤 학생일까?
- 부모님께 나는 어떤 자식일까?
- 친구들 사이에서 나는 어떤 친구일까?
- 내가 하는 일 중 가장 좋아하는 것은 무엇인가?
- 내가 하는 일 중 가장 혐오하는 것은 무엇인가?
- 내가 해야 하는 일 중 가장 가치 있다고 생각하는 것은 무엇인가?
- 내가 해야 하는 일 중 가장 쓸모없다고 생각하는 것은 무엇인가?
- 내가 수행하는 일 중 가장 잘할 수 있는 일은 무엇인가?
- 내가 수행하는 일 중 가장 자신 없는 일은 무엇인가?

고1 은영이 이야기

"평범한 올챙이에서 황금 개구리로"

전교 134등 ➡ 2등
평균 82.5점 ➡ 97.8점

난생처음 정한 진로 목표

저는 원래 꿈도 없고 공부 계획도 없이 하고 싶은 공부만 골라 하는 학생이었습니다. 수학, 과학을 좋아하는 편이라 학원을 다니며 주로 이 과목들을 공부했습니다. 시험을 잘 보고 싶다는 마음은 있었지만 어떻게 공부해야 할지를 잘 몰랐고, 정확한 목표가 없으니 공부가 하고 싶다는 생각도 많지 않았습니다. 그래도 공부하는 시간에 비해 점수가 나쁘지는 않아서 부모님께 크게 혼나지는 않았습니다.

매니저님과 첫 상담을 나누던 날, 매니저님은 목표가 없으면 꿈을 이루기 어렵다며, 중3이니까 원하는 고등학교에 진학하는 것을 목표로 삼아 보자고 말씀하셨습니다. '가고 싶은 고등학교라고?', '가고 싶은 대학교라고?' 평소에는 한 번도 구체적으로 생각해 본 적이 없던 진로를 태어나서 처음으로 고민하게 되었습니다.

저 스스로 텀스케줄을 짜 봤는데 방학 동안 하루에 무려 10시간이나 넘게 공부하는 스케줄이었습니다. 그런데 이상하게도 두렵고 도망가고 싶다는 생각보다는 오히려 이 스케줄대로 진짜 공부해 보자는 마음이 들었습니다. 지금 공부하지 않으면 목표한 고등학교에 가지 못한다는 생각에 방학 동안에 꼭 이 공부 계획을 지키겠다고 다짐했습니다.

하지만 막상 오랫동안 공부하다 보니 앉아 있는 것조차 무척 힘들었습니다. 그래서 쉬는 시간도 아닌데 돌아다니고 친구들과 장난치고 편의점에도 들락거리며 공부에 집중하지 않았습니다. 그러다 보니 점점 공부 분량이 밀리기 시작했고 짜증이 났습니다.

꿈에 그리던 점수

말로는 한번 해보겠다고 했지만, 몸이 따라주지 않으니 아무 소용이 없었습니다.

"공부는 머리로 하는 것이 아니야, 몸이 하는 거지."

매니저님은 늘 저에게 이렇게 말씀하시며 저의 습관에 대해 많은 말씀을 해 주셨습니다. 돌아다니지 않을 때나, 집중해서 계획을 완수했을 때는 상으로 스티커를 붙이기로 약속했고, 스티커 판이 다 채워지자 매니저님은 기뻐하며 피자를 쏘기도 하셨습니다.

그런데 습관이 무서운 게, 시간이 지나자 저도 모르게 점점 의자에 앉아 있는 시간이 길어졌습니다. 공부하는 것 자체가 쉬워졌고,

누가 시키지 않아도 밤잠까지 줄여 가면서 공부했습니다.

학기 초에 의욕이 넘쳐서 문제집을 잔뜩 살 때는 '과연 내가 이걸 다 할 수 있을까' 하고 걱정했었지만, 시험이 2주 앞으로 다가왔을 즈음에는 어느새 그 문제집들을 다 풀었습니다. 다른 친구들보다 열심히 하는 제 자신이 자랑스러웠지만, 한편으로는 이렇게까지 했는데 성적이 기대만큼 나오지 않으면 어떡하나 하는 걱정도 했습니다. 한마디로 치열하게 중3 여름 방학을 보냈습니다.

방학이 끝나고 치른 중간고사. 결과는 평균 93.2점에 전교 등수는 33등! 첫 시험인데 평균이 무려 10점 가까이 오르고 등수도 많이 올라 깜짝 놀랐습니다. '나도 마음먹고 하면 할 수 있구나!' 하는 자신감이 차 올랐습니다. 한번 성적을 올리고 나니 더 잘하고 싶다는 생각이 들었고 다가올 기말고사 시험에 더욱 욕심이 났습니다.

그래서 기말고사는 중간고사 때보다 더욱 빡빡한 공부 스케줄을 짜 계획보다 더 빠르게, 더 많이 공부했습니다. 정말 기말고사를 대비하는 동안은 오로지 공부만 생각했습니다. '어떻게 하면 문제를 틀리지 않고 다 맞힐 수 있을까' 고민하면서 쉬는 시간도 점심 시간도 가리지 않고 틈이 날 때마다 공부했습니다.

드디어 기말고사. 결과는 평균 97.8점! 내 생애 처음 받아 보는 점수였고 전교 등수는 무려 6등이었습니다. 매번 꿈꾸던 점수였는데 직접 받게 되다니! 믿기지 않았고 눈물이 왈칵 쏟아졌습니다.

나를 한 단계 더 성장시켜 준 겨울 방학

중3 겨울 방학, 고등학교 진학을 앞두고 이 시기가 다가올 고교 생활을 결정짓는 중요한 공부 기간이라는 생각이 들었습니다. 매니저님도 중3 겨울 방학 때 고등학교 3년의 모든 것이 결정된다고 강조하셔서, 방학 동안 12시간을 연이어 공부하는 '공부 무한도전 프로그램'에 참여하게 되었습니다.

처음에는 '왜 이렇게까지 해야 하지'라고 생각했습니다. 하지만 지금 돌이켜보면 그 프로그램에 도전한 것은 정말 잘한 일이었습니다. 그때 기반학습을 확실히 다진 덕에 고등학교에 들어간 후 헤매지 않게 되었으니까요.

나아가 겨울 방학 때 매니저님과 진로 상담을 하면서 정신과 의사가 되겠다는 꿈을 가지게 되었습니다. 그래서 대학은 꼭 의대에 진학하겠다는 확실한 목표가 생겼습니다.

나를 다시 일으켜 준 매니저의 충고

고등학교에 입학한 후, 동아리 활동에 학생회, 영재반 등에서 활동하며 바쁜 학교생활을 보냈습니다. 그로 인해 자연히 내신 대비를 소홀히 하게 되었습니다. 어떤 날은 너무 피곤하고 힘들어서 아예 공부를 하지 않는 날도 있었습니다.

3월이 금세 지나고 중간고사를 준비할 때가 다가오자 덜컥 겁이 났습니다. 중3 때와 비교해서 그동안 공부를 너무나 하지 않았기 때문이었습니다. 저는 목표 성적을 잡는 데 자신이 없어서 그저 3등급만 나와도 좋겠다고 생각했습니다.

공부에 대한 자신감이 사라지니 괜히 진로를 의사로 결정한 것은 아닌가, 다른 직업을 찾아볼까 하는 생각도 들었습니다. 매니저님한테 이런 제 고민을 의논하자 매니저님은 딱 잘라서 "정신 차려라!" 하고 충고하셨습니다.

걱정하고 겁내느니 남은 시간 동안 최선을 다하라고 따끔하게 혼내셨고, 그 말씀을 듣자 정신이 번쩍 들었습니다. '내가 지금 뭘하고 있는 건가'라고 후회했습니다.

그 이후로 중학교 시절보다 더 치열하게 공부했습니다. 처음으로 스스로 새벽 3시까지 잠도 안 자고 내신 대비 공부를 한 결과, 고등학교 첫 시험에서 놀랍게도 저는 전교 4등을 차지했습니다. 중학교 때보다 공부를 덜 한 것 같은데도 더 높은 등수를 차지해 깜짝 놀랐습니다.

믿을 수 없는 행복, 전교 2등

다시 몇 개월 뒤 있었던 기말고사에 성적표에는 전교 2등이라는 등수가 쓰여 있었습니다. 내 이름 옆에 쓰여 있는 '2등'라는 숫자가 믿기지 않았고, 2등이 전교 등수가 아니라 반 등수인 건 아닌지 하는 의심도 들었습니다. 정말 너무너무 기뻤고 꿈만 같았습니다.

저는 하고 싶은 많지만 뚜렷한 목표를 정하지 못하고 방황했습니다. 하지만 고등학교 진학이라는 목표, 그리고 의사가 되겠다는 목표를 정하고 난 뒤, 무섭게 공부했습니다. 꿈이 바로 저를 움직이에 한 엔진이자 원동력이었습니다.

저는 이제 새롭게 다짐했습니다. 다음 학기 때는 꼭 전교 1등을 하겠다고 말입니다.

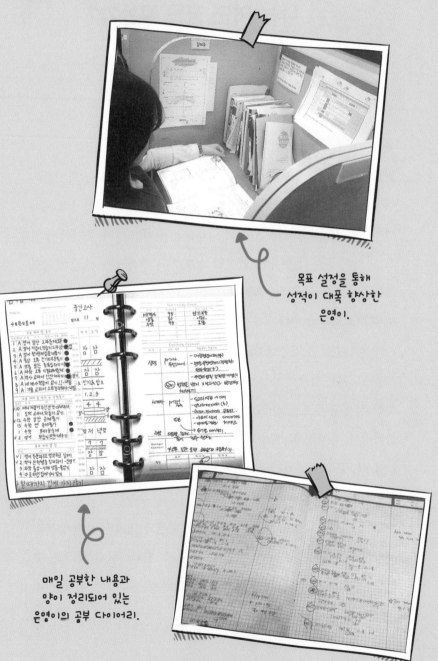

목표 설정을 통해
성적이 대폭 향상한
은영이.

매일 공부한 내용과
양이 정리되어 있는
은영이의 공부 다이어리.

02 나는 어떤 꿈을 꾸는가?

진로 의식은 학년이 높아 감에 따라 자라난다. 중학교 저학년들은 직업에 대한 생각이 추상적이고 관념적이다. 막연한 소망이나 드라마의 이미지에 기대어 비현실적 미래를 꿈꾸기도 한다. 학생들의 진로 의식이 공부의 의욕과 연결될 정도로 구체화되는 것은 적어도 고등학교 진학 이후다. 이때부터는 적성과 성적을 고려한 진로 탐색이 본격화되어야 한다.

학생에게 실현 가능한 미래의 모습이 선명하게 제시되는 것은 매우 중요하다. 미래의 내 모습에 대하여 아무런 밑그림도 그려 보지 못한 학생에게 오늘 하루는 힘겹게 버텨 내야 하는 따분한 시간에 불과하다. 공부와 삶, 학습과 프로페셔널한 미래의 모습이 연결되지 않을 때, 공부는 영원히 끝나지 않을 것 같은 삶의 굴레처럼 느껴질 뿐이다.

공부 자체에 극심한 거부감을 보이는 학생과 대화해 보면 공부와 자기 자신이 분리되어 있다는 것을 느낄 수 있다. 즉 나는 나고, 공부는 공부인 것이다. 자유로운 나를 억압하는 공부라는 것 때문에,

도대체 되는 일이 없다는 한탄을 입에 달고 산다.

초등학교, 중학교, 고등학교를 거치며 학생들은 점차 어른으로서의 자신을 준비하게 된다. 어른이 된 자신을 꿈꿀 때 가장 먼저 떠오르는 것은 나는 어떤 일을 하는 사람이 될까에 대한 상상이다. 그러한 상상은 단지 어떻게 먹고 살 것인지에 대한 일차적 고민을 넘어서서, 나의 기질과 적성에 맞는 일을 통해 어떻게 삶의 만족을 얻을 것인지까지 깊어진다.

그런 의미에서 진로 의식이 강한 학생들은 자신의 적성이나 소질에 대해서도 관심이 많다. 그 소질을 계발하여 이루고 싶은 소망을 꿈꾸고 가능성을 따져 보기에, 소망과 현실 사이에 존재하는 괴리와 맞닥뜨리게 된다. 결국 학생들은 자기에게 주어진 시간 동안 최선을 다해 그 격차를 메우고 싶다는 욕망을 품게 된다. 열심히 공부해서 이루겠다는 의욕이 발생하는 것이다. 진로 의식이 강한 학생들이 공부의 고통에 대해서도 참을성이 높은 이유다.

장차 되고 싶은 것이 전혀 없다는 학생도 많다. 어차피 성적에 맞추어 대학에 갈 것인데, 꿈을 꾸면 뭐하느냐고 반발하는 학생들도 있다. 무엇인가를 꿈꾸기에는 이미 자신이 지나치게 공부를 못한다고 생각하는 학생들은 장래 희망을 논하는 것 자체가 부질없고 무의미하다고 여긴다. 혹은 한 번도 스스로 무엇을 결정해 본 적 없는 학생들은 자신의 미래 역시 부모님에게 물어보면 될 간단한 문제로 여긴다.

왜곡된 미래를 꿈꾸는 학생들도 있다. 일용직 노동자가 꿈이라는 학생은 그 일이 단순하고 편해 보여서 하고 싶다고 한다. 부유한 집안의 어떤 학생은 장래 희망이 '무위도식'이라는 터무니없는 소리를 하기도 한다. 어차피 평생 쓰고도 남을 정도의 재산이 있는데 직업은 뭐하러 갖냐는 것이다. 그 학생에게 직업이란 생계를 위해 어쩔 수 없이 감당해야 하는 가난한 자들의 형벌 같은 것이다. 대학만 가면 독일제 승용차를 사 주기로 어머니가 약속했다며 신이 난 학생과 현실적 진로에 대한 진지한 상담을 하기가 힘겨웠던 것도 사실이다.

자신의 앞에 놓인 미래에 대한 진지한 탐색은 단지 연봉 얼마짜리 직업을 갖게 될 것인지와 같은 생계형 탐색과는 성격이 다르다. 그것은, 고통스럽게 반복하는 이 지루한 공부의 과정이 결국 자신이 이 세상 속에서 하나의 독립적이고 가치 있는 존재로서 살아가기 위한 토대를 마련하는 것이라는 보다 근원적인 깨달음에 가깝다.

중2 지훈이 이야기

"혼자서 공부하고
1등이 되었어요"

학급 14등 ➡ 1등
평균 79점 ➡ 98점

학원 뺑뺑이

중학교 2학년인 저는 늘 엄마가 하라는 대로 학원에 다녔고 학원에서 시키는 대로 공부했습니다. 학원도 여러 군데를 다녔습니다. 남들 다 하는 심화 수학, 토플, 회화, 한자, 논술 등 온갖 학원들을 다니자니 매일매일이 몹시도 바쁘기만 했습니다. '왜 이 많은 과목들을 이 학원 저 학원 다니면서 공부해야 할까?'라는 불만을 품은 채, 목표와 열정도 없이 시간을 보냈습니다.

학원에 가도 학원 선생님은 제가 오든지 말든지 신경도 쓰지 않아서, 엄마 몰래 학원을 빼먹은 적도 많았어요. 학원 선생님들은 항상 엄마에게 "네, 지훈이 잘하고 있어요. 지금은 성적이 낮지만 조금만 더 하면 발전 가능성이 큰 아이예요. 믿고 맡겨 주세요"라고 말씀하셨고, 엄마는 그 말에 안심하고 또 다른 학원을 찾아보시곤 했죠.

그러는 동안 저는 조금씩 공부가 아닌 다른 곳에 눈을 돌렸습니다. 공부는 안 하고 틈만 나면 친구들과 몰려 PC방에 가는가 하면, 온갖 멋을 부리고, 여자 친구들도 많이 만났습니다. 학교 수업 시간에는 주로 잠을 잤고, 수행평가뿐만 아니라 시험도 전혀 신경 쓰지 않았습니다. 심지어 학교에 가기 싫은 날은 아무 이유 없이 결석도 했습니다. 하루하루가 답답하고 그저 무기력했습니다.

'자기주도학습'이라고?

이런 제가 학원이 아니라 에듀플렉스에서 '자기주도학습'을 처음 접했을 때, 모든 것이 낯설고 어리둥절했습니다. 지금까지 한 번도 제 스스로 공부를 해 본 적이 없었으니까요.

처음에 매니저님이 모든 학원을 정리하자고 하셨을 때, 저는 무척 불안했습니다. 괜히 학원을 정리했다가 그나마 겨우 유지하고 있던 성적조차 무너질 것 같았습니다.

무엇보다 학원 수업에 가려져 있던 저의 부족함이 드러날지도 모른다는 생각에 초조했습니다. 학원에서는 단 한 시간이면 끝낼 수 있는 내용을 혼자 한다면 공부 시간이 배는 더 걸릴 것 같았고, 공부법을 익힌다는 것도 눈에 보이지 않으니 믿을 수 없었습니다.

하지만 매니저님의 끈질긴 설득 끝에 결국 저는 모든 사교육을 끊고 일단은 매니저님이 시키는 대로 공부 스케줄을 짜서 따라가기로 했습니다. 처음에는 빨리 공부 효과가 나오지 않으니 이것저것 선행을 하겠다고 고집도 피웠습니다. 그러던 어느 날 매니저님이 제게 제 힘으로 학습 계획표인 셀프리더를 작성해 보라고 제안했습니다.

'셀프리더? 공부 계획이라고?' 그냥 남들이 중요하다고 하는 과목부터 급한 대로 공부해야 한다고 생각하던 제게, 공부 계획을 짜 보는 일은 처음으로 공부에 대해 진지하게 고민하는 계기가 되었습니다.

어디서부터 어떻게 짜야 할지를 놓고 한창 고민하고, 또 매니저님과 상의하면서 '그동안 내가 영 엉터리로 공부를 했구나'라는 것을 깨닫게 되었습니다. 우여곡절 끝에 일단 스스로 계획표를 짜고 나니 이상하게도 오기가 발동했습니다.

"그래, 나도 제대로 공부해 보자."

남이 만든 것이 아니라, 내가 만든 계획이니 어디 한번 완벽하게 지켜 보자는 의지가 생겼습니다.

내게 맞는 공부

그때부터 저는 제 수준에 맞는 참고서와 문제집을 선택해 본격적으로 진짜 공부를 시작했습니다. 얼마 지나지 않아 그동안 학원에서 풀던 최상위 수학 문제집이 얼마나 제 수준과 맞지 않았는지를 알게 되었습니다. 저는 한 학년 아래인 중1 수학 기본 문제도 풀지 못하는 실력이었습니다. 자신 있다고 믿고 있던 영어도 문법 기초가 약했고, 갖고 있던 독해집도 제 실력에 비해 수준이 높았습니다.

저는 모든 것을 기초부터 다시 시작했습니다. 기반 학습 다지기, 학습 목표 이해하기, 예습하기, 수업 시간에 집중하기, 복습하기, 백

지에 정리하기 등, 기본적인 방법으로 공부하고 또 공부했습니다.

그 결과 1학기 기말고사에서 중학교 1학년 때까지만 해도 꿈꿀 수 없었던 성적이 나오기 시작했습니다. 모든 과목을 철저하게 기초부터 준비했더니, 이전과는 다르게 문제가 확실히 눈에 들어오기 시작했고 거의 대부분의 과목에서 만점에 가까운 점수가 나왔습니다. 이 경험을 통해 저는 '공부는 정말 정직하구나!'라는 사실을 깨닫게 되었습니다.

그리고 그로부터 6개월이 지난 뒤, 2학년 2학기 기말고사에서 저는 드디어 1등이 되었습니다. 중학교 1학년 때 79점이었던 제가 제가 1등을 기록하다니! 제 등수가 도저히 믿기지 않았습니다.

매일 한숨과 걱정이 많았던 부모님도 조금씩 칭찬과 격려의 말씀을 건네주셨습니다. 무엇보다도 공부에 대한 열정이 생겨났고, '왜 공부를 해야 하는지', '내 꿈이 무엇인지' 생각하게 되었습니다. 더 나아가 '앞으로 광고와 마케팅 분야로 진출하고 싶다'는 목표도 생겼습니다.

처음에 저는 책상에 앉으면 한 시간도 버티기 힘들었습니다. 이제 저는 하루에 최고 10시간까지도 공부할 수 있습니다. 진짜 자기주도학습은 '내가 왜 공부해야 하는가'에 대한 답을 찾아가는 과정이라고 생각합니다. 정직한 노력만이 좋은 성적을 가져다준다는 사실을 새롭게 알게 되었습니다.

학원 뺑뺑이만 하던
지훈이는 하루에
최고 10시간도 공부할 수
있게 되었다.

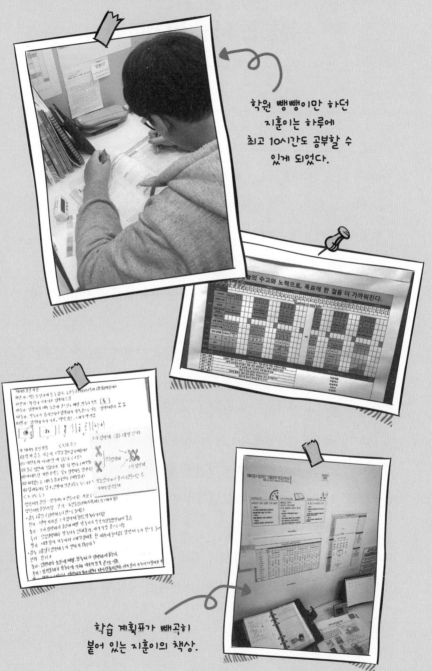

학습 계획표가 빼곡히
붙어 있는 지훈이의 책상.

03 내 안에 숨 쉬는 유능한 나를 발견하라

"어차피 나는 안 돼요. 나는 왜 이 모양일까요?"

늘 의기소침하고 주눅이 들어 있는 얌전한 여고생 미영이가 입버릇처럼 달고 사는 말이다.

"지금 내가 잘못했다는 거예요? 아 진짜, 왜 나한테만 그래요?"

다른 사람의 말에 쉽게 흥분하는 다혈질 민수는 작은 지적에도 버럭 화를 내기 일쑤다.

늘 위축되어 있는 미영이와, 목소리가 크고 성격이 괄괄한 민수는 겉모습은 다르지만, 내면의 공통점이 있다. 자신감이 부족하고 다른 사람들의 평가에 민감하다는 점이다. 스스로 자신의 능력이나 가치에 대하여 확신을 하지 못하기에 주변의 객관적 평가나 사소한 조언에도 과도하게 화를 내거나 지나친 우울증에 빠지게 되는 것이다. 선생님의 사소한 꾸중이나 부모님의 작은 염려조차도 확대 해석하고, 심각하게 받아들인다.

이러한 상처가 쌓일수록 학생은 자신이 쓸모없고 무능력하다는 생각을 강화한다. 그 확신은 공부에 대해서도 예외 없이 적용된다.

이러한 학생들은 자신이 공부를 잘할 수 있을 것이라는 생각이 전혀 없다. 공부를 포기한 그 자리에는 즉흥적이고 임기응변적인 욕망이 자라난다. 공부가 아닌 관심사에 몰두한다든지, 더 엇나갈 경우, 흡연이나 음주, 폭력 등 여러 가지 비행에 발을 딛게 되는 경우도 생기는 것이다.

공부에 가능성을 접은 불안한 상태에서도 여전히 학교에서는 빠르게 진도가 나가고, 그것과 발맞추어 과제가 주어지며, 주기적으로 시험은 다가온다. 내 능력에 대한 확신이 없는데, 감당할 수 없는 분량의 압박들이 짓누르고, 더 심각한 것은, 성과를 낼 수 없는 그 일들과 함께 비난과 질타가 세트로 폭포처럼 쏟아진다는 사실이다.

학생의 자기 효능감은 심각한 수준으로 훼손되고, 학생들은 점차 스스로를 방치하게 된다. 삶을 통해 그 무엇도 이룰 수 없는 사람이라는 근거가 쌓여 가면 미래에 대한 희망은 무너지며 심할 경우 자학이나 자살로 이어지기도 한다.

자기 효능감이란 자신이 중요하고 유능한 사람이며, 따라서 자신이 성공할 수 있는 의지와 능력을 지니고 있다는 믿음이다. 자신에 대한 이러한 신뢰의 감정은 모든 행동의 동기가 될 뿐만 아니라, 건강한 성격을 지닌 어른으로 성장하기 위한 에너지원이 되어 준다.

학생들은 크고 작은 과제와 도전을 만나며 자신에 대한 효능감을 쌓아 나간다. 이 경험이 많은 학생일수록 스스로에 대하여 매우 긍정적으로 인식을 하며, 미래의 난관도 얼마든지 극복할 수 있다는 믿음을 갖게 된다.

자기 효능감이 높은 학생들은 자신의 특징을 있는 그대로 받아 들인다. 자기 장점과 약점에 대하여 객관적으로 인식하기에, 쓸데없는 열등감에 휩싸이지도 않는다. 자신의 취약점에 대하여 담담하게 인식하는 것은 효능감이 높은 학생들의 특징인데, 이는 현재의 부족함도 자신의 노력으로 극복할 수 있다는 자신의 내적 자신감에서 비롯된다.

이러한 학생들은 공부와 일상생활 모두에서 목표 의식이 뚜렷하다. 바라는 목표가 분명하고, 그 목표를 달성하기 위하여 어떤 노력을 기울여야 하는지에 대해서도 부지런히 탐색한다. 방법을 찾기만 하면 이루는 것은 자신의 힘으로 가능하다는 신념이 바탕에 깔려 있기 때문이다.

설령 야심차게 시도했던 도전이 실패로 돌아가더라도 실패의 원인을 자기 자신에게서 찾는다. 일이 어그러진 원인을 다른 사람에게 돌리거나 이리저리 핑계를 대는 아이들과는 다르다.

학교 생활을 하면서 누구나 공부에서 실패와 성공을 두루 경험하게 된다. 학교를 다니며 한두 번 시험을 망쳐 보지 않은 학생은 없을 것이다. 중요한 것은 이처럼 비슷한 경험을 겪으며, 어떤 학생은 무기력과 열등감을 강화하고, 어떤 학생은 값진 교훈을 챙긴다는 사실이다. 공부를 잘하는 학생들은 일반적으로 자기 효능감이 높은 것이 사실이지만, 반대로 공부를 잘하게 만들려면 학생의 자기 효능감을 일깨우지 않고서는 불가능하다는 것도 진실이다.

빈번한 평가는 학생들에게 과도한 압박을 주기도 하지만, 어떤 면에서 보면, 그만큼 학생의 노력과 발전에 대한 판단이 섬세하고 민첩하게 이루어지고 있다고도 해석할 수 있다. 학생이 이루어 낸 그 발전과 성장의 지표를 누락되는 바 없이 주목해 주고, 의미를 부여해 주는 사람이 학생 곁에 존재한다면, 학생들은 더 신명 나게 공부에 몰입할 수 있다.

그렇다면 학생의 효능감은 어떻게 자라나는 것일까? 성공의 경험이 있어야 한다. 자신의 힘으로 눈부신 성과를 이루어 본 학생들만이 그 건강한 믿음을 키워 나갈 수 있다. 우격다짐하듯 무턱대고 잘난 척하는 것과는 다른 단단한 자기 믿음을 만들기 위해서는 그것에 걸맞은 경험이 뒷받침되어야 한다.

물론 가장 좋은 것은 최고의 성적을 한번 받아 보는 것이다. 최상위권 학생들이 여간해서는 그 자리에서 내려오지 않는 것도, 최고의 위치를 경험했던 그 기억 자체가 그 자리를 유지하게 만드는 원동력이 되어 주기 때문이다.

그러나 모든 학생이 전교 1등이 될 수는 없고, 단 한 명뿐인 전교 1등이 아니어도 모두가 각자의 유능함을 느끼며 자기만의 성공 레이스를 달려갈 수 있다. 그러기 위해서는 학생이 이루는 크고 작은 성취들에 대하여 가장 먼저 알아주고, 의미를 부여하고, 같이 기뻐하는 누군가가 필요하다.

부모님이나, 선생님, 혹은 매니저가 될 수도 있을 것이다. 객관적으로 누가 봐도 위대한 결과가 아니더라도, 이전에 비하여 좋아진 점이 있다면, 그 작은 성장에 의미를 부여하는 것이 중요하다. 보통 부모님은 자녀에 대한 기대가 높기 때문에 "칭찬할래야 칭찬할 거리가 눈 씻고 찾아봐도 없다"고 이야기한다.

고2 태훈이 이야기

"공부하는 이유가 먼저!"

전교 372등 ➡ 106등
평균 60.2점 ➡ 89.3점

공부에 대한 부담, 그리고 공포

저는 태어날 때부터 장손이라는 타이틀을 달고 자랐습니다. 장손으로 항상 사랑받으면서 자라 왔지만 집안의 장손인 만큼 "큰사람이 되어라"라는 말이 늘 마음의 짐처럼 부담스럽게 저를 짓눌렀습니다. 그런 부담과 공포 때문인지 항상 부모님이 만족하시지 못하는 성적을 받게 되자, 저는 점점 더 공부에 흥미를 잃어 갔고 발전은커녕 날이 갈수록 더 밑바닥으로 내려갔습니다.

중학교부터 고등학교 1학년 때까지만 해도 공부는 안 하고 틈만 나면 친구들과 몰려 다니며 PC방에 갔습니다. 학교에서는 잠만 자고 선생님에게 반항적인 말투로 대답했습니다. 어느 날은 그냥 가기 싫어서 학교에 가지 않은 적도 있었습니다.

엄마가 하라는 대로 학원을 다녔고 학원에서 시키는 대로 공부했습니다. 내가 왜 학원을 다녀야 하는지, 이 많은 과목들을 이 학원 저 학원 옮겨 다니며 왜 해야 하는지 목표와 열정도 없이 그렇게 다녔습니다.

내 꿈이 무엇인지, 내 목표는 무엇인지, 공부는 왜 해야 하는지 등 아무것도 생각해 보지 않은 채 내 삶에서 다시는 돌아오지 않을, 언젠가 후회하며 그리워할 그 시기를 그렇게 흘려 보냈습니다.

공부의 시작은 공부의 이유를 아는 것

"공부는 왜 할까?" 이 질문은 대한민국 모든 청소년이 공감하는 질문이자 누구나 한 번쯤 생각해 볼 최대의 고민입니다. 그럼 그 질문의 답을 완성할 수 있는 사람은 누구일까요? 그것은 바로 자기 자신일 것입니다.

저는 정치가가 어떤 일을 하는지도 제대로 알지도 못한 채 그냥 공부해서 정치가가 되고 싶다는 목표를 가지고 있었습니다. 정치가는 어떻게 될 수 있는지, 내가 정치가가 되면 무슨 일들을 할 수 있을지 생각해 보았습니다. 그러자 '과연 이 일이 내 성격과 잘 맞을까'라는 의문이 들었습니다. 그래서 내 성격에 맞는 진로를 진지하게 다시 찾아보자고 생각했습니다.

저는 활달한 성격에 무엇인가를 논리적으로 분석하고 상상하길 좋아하며 항상 남에게 나의 모습을 보여 주길 즐기는 성격이었습니다. 그러던 중 저의 눈에 들어온 것이 바로 '광고'였습니다. '제품을 분석하고 제품의 장점을 가장 극대화시킬 수 있는 방법을 생각하고 상상하며 발표하는 일, 바로 광고를 만들고 홍보하는 일, 그것이 바로 나에게 맞는 진로구나!'라는 생각이 들었습니다. 그리고 광고홍보학과가 있는 학교들을 찾아보았습니다. 대한민국의 모든 광고 회사들을 알아보면서 자연스레 가고 싶은 학교와 다니고 싶은 직장이 생겼습니다.

나만의 꿈, 그리고 나만의 공부

고등학교 2학년이 되어 목표를 찾고 나니 그제서야 무엇을 해야 할지, 어떻게 공부해야 할지가 좀 더 명확히 보였습니다. 나만의 공부 방법을 찾아야겠다는 생각도 들었습니다. 하지만 공부를 한 번도 제대로 해 본 적이 없으니 좌충우돌, 갈피를 잡지 못했습니다.

싱숭생숭한 마음으로 학습 계획표에 따라 공부를 시작했습니다. 점점 그렇게 공부하다 보니 스스로 공부 계획표를 주도적으로 작성하고 실천해 보면 어떨까 하는 생각이 들었습니다. 매니저님과 상의해 저의 목표에 가장 효과적으로 다가갈 수 있는 계획표를 만들고 열심히 공부하고 또 열심히 공부했습니다.

그 결과 고등학교 1학년 때까지만 해도 감히 상상할 수 없었던 성적이 나오기 시작했습니다. 남이 아닌 나만의 공부 계획을 세움으로써 목표에 더 가까이 가겠다는 공부 열정이 넘쳐났습니다. 매일 속만 썩이던 부모님에게 당당해질 수 있었고 주변의 칭찬과 격려 속에 나날이 발전했습니다.

공부의 이유를 아는 것, 자기 자신이 어떤 일을 가장 재미있게 할 수 있고 가장 잘할 수 있는지를 찾아보는 것, 그것이야말로 공부를 가장 성공적으로 시작할 수 있는 방법이라는 것을 알게 되었습니다.

태훈이의 책상 *

태훈이는 공부에만
집중할 수 있도록
공부 시작 전에 항상
책상을 정리했다.

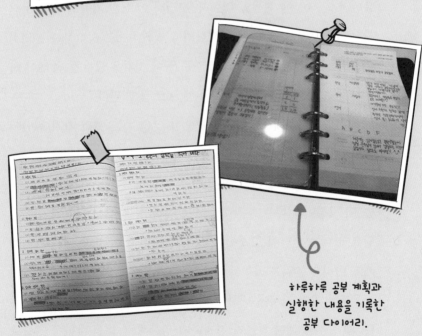

하루하루 공부 계획과
실행한 내용을 기록한
공부 다이어리.

04 학생은 당연히 공부를 해야 한다

공부의 당위성에 대한 인식이란 학생이 열심히 공부를 해야 한다는 의무에 대하여 수긍하는 마음을 뜻한다. 학생은 왜 공부를 열심히 해야 하는가. 매일 공부의 압박에 시달리는 학생이라면 한두 번씩 불만 섞인 의문에 휩싸일 것이다. 그러나 이 불만 가득한 질문이 진정으로 공부가 삶에서 왜 필요한지를 철학적으로 숙고하는 본질적 의문을 뜻할 리는 만무하다. 이 질문은 이 지겨운 공부를 왜 해야 하는가 하는 도피의 감정이 생겨날 때 주로 품게 된다.

공부의 당위성에 대한 인식 수준이 낮은 데는 여러 가지 원인이 있다. 우선 아직 생각의 폭이 좁고 어려서 공부의 일차원적인 쓰임새만으로 공부의 가치를 저울질하는 경우다. 수학을 못해도 물건 사는 데 지장이 없다는 주장이나, 미국에서 살 생각이 없으니 영어가 필요 없다는 반발이 그것이다. 당장 공부하기 싫을 때 어린 학생들에게 이러한 논리는 공부를 회피하기 위한 좋은 핑계가 되어 준다.

공부의 의미 자체에 대하여 전혀 생각해 본 적 없는 학생들도 많다. 왜 공부를 해야 하는지 진지하게 생각해 볼 겨를이 없을 정도로 내내 바쁜 학생들이다. 실제로 강남 학생들의 하루를 관찰해 보면 웬만한 대기업 신입사원보다 더 바쁜 경우가 많다. 초등 저학년부터 몰아치듯 과도한 사교육을 수행해 온 학생들은 공부의 필요성을 숙고할 정신적 여유가 없다.

자기 논리에 갇혀서 공부의 가치를 냉소하는 학생들도 있다. 이러한 학생들은 경쟁의 소용돌이에서 한 걸음 떨어져, 공부에 전념하는 친구들을 비웃거나, 시험 제도 자체를 경멸하는 태도를 보여 준다. 일찌감치 학교 공부와 맞바꿀 정도로 자기만의 재능을 발견한 극소수의 학생들도 있지만, 대다수는 공부에 자신이 없기 때문에 열중하기보다 조롱하는 쪽을 택한 주변인이다.

원인이 무엇이든 공부에 열중하는 학생이 되기 위해서는 공부가 반드시 필요한 것이라는 인식을 갖추는 일이 절대적으로 중요하다.

인간은 태어나서 죽을 때까지 새로운 것을 배우지 않으면 인생의 전 과정에서 어떤 발전도 이룰 수 없다. 학창 시절 경험하게 되는 공부의 전 과정은 새로운 지식을 가장 효과적으로 받아들이는 방법을 익히는 훈련이다. 학생들은 공부를 하면서 지식과 더불어, 지식을 받아들이는 과정 자체를 학습하게 된다. 본질적인 배움의 목적이 여기에 있다. 얼마나 유능한 학습자로 성장하는지에 따라 앞으로의 인생에서 얼마나 안정되게 자신에게 주어진 숱한 과제들을 해결할 수 있는지가 결정된다.

공부가 자신의 삶과 성장을 위해 반드시 필요한 것이라는 수긍의 마음을 지닌 학생은 적어도 자신의 어깨에 얹힌 공부의 의무에 대하여 분노와 적대감을 품지는 않는다.

학생들이 공부의 필요성에 대하여 인정을 하거나 거부를 하거나 상관없이 대부분의 학생들은 공부를 통해 이룬 성과에서 가장 막강한 자신감을 얻는다. 모든 학생들은 솔직히 1등을 한번 해 보고 싶다.

학생들이 공부를 왜 해야 하는지 모르겠다고 푸념할 때, 그것은 단지 공부가 하기 싫어서 부리는 억지라고 치부할 문제만은 아니다. "너는 지금은 아무 생각 없이 그저 열심히 공부하기만 하면 된다"는 억박지름도 금물이다. 어떤 행동도 '아무 생각 없이' 열중할 수는 없기 때문이다.

공부의 의미를 찾는 것이 굳이 인생 전부를 건 심각한 사색이 아니어도 된다. 우연히 만들어 낸 작은 성취에 크게 기뻐해 주는 멘토의 격려가 공부를 해야 하는 중요한 이유가 될 수도 있는 것이다.

중3 영민이 이야기

"공부 자신감이 생겼어요"

전교 320등 ➡ 4등

평균 46.5점 ➡ 92점

ADHD

저는 ADHD(주의력결핍 과잉행동장애)를 심하게 앓았습니다. ADHD는 초등학교 5학년 때부터 중학교 2학년이 끝날 때까지 저를 괴롭혔습니다. 제가 그 병을 앓는 동안에 저는 감정을 다스리지 못했습니다. 화가 나면 물건을 집어던지고, 심지어 부모님에게 욕설과 손찌검까지 한 적이 있었습니다. 그렇게 한바탕하고 난 후 어머니와 부둥켜 안고 울었습니다. 그런 일이 이틀 사흘에 한 번 꼴로 벌어졌습니다. 정말 지옥 같은 나날이었습니다.

저는 그런 현실을 벗어나기 위해 게임에 빠져 살았습니다. RPG 게임을 하며 그 속에서 인간관계를 맺고, 나(캐릭터)를 성장시켰습니다. 이런 제 모습이 옳지 않다는 것을 알면서도 계속 게임에 빠져들었습니다. 급기야 저와 부모님은 상담 치료를 받고 정신과를 다니며 병이 최대한 빨리 낫길 바랬습니다. 다행스럽게도, 시간이 지날수록 저는 차츰 좋아졌습니다.

그러나 병이 나음과 동시에 새로운 문제에 부딪히게 되었습니다. 과거 ADHD를 앓는 동안 공부하지 못했던 기간이 저의 발목을 잡았습니다. 친구들의 공부 실력을 도저히 따라잡을 수 없었습니다.

나만의 공부 습관 들이기

중3이 되자, 학원에서 따라가지도 못하는 수업을 덩그러니 듣고 있자니 더욱 답답하기만 했습니다. 그래서 그동안 제대로 공부하지 못했던 내용을 스스로 공부해 보자는 마음이 들어 자기주도학습을 할 수 있는 에듀플렉스를 찾게 되었습니다.

사실 에듀플렉스가 어떤 곳인지도 몰랐습니다. 앞으로 내 공부를 도와주겠다고 말하는 매니저님도 낯설었고, 중3인 내가 해야 할 공부가 이렇게 많다는 것도 짜증이 났습니다. 공부의 기초가 잡혀 있지 않았기에 더 힘들었습니다. 아직 ADHD가 완전히 낫지 않은 상태여서 등원을 거부하기도 했고, 등원을 해도 멍 때리면서 시간만 때우기 일쑤였습니다.

그런데 신기한 일이 벌어졌습니다. 매니저님은 학원에서처럼 공부를 막 알려 주는 사람이 아니라, 공부를 어떻게 해야 하는지를 도와주는 사람이었습니다. 오랫동안 공부를 해 본 적 없어서 막막했던 저에게 매니저님은 수업듣기부터, 복습하기까지 공부에 필요한 모든 방법을 가르쳐 주셨습니다.

그렇게 공부 기초가 잡히기 시작하고 몇 달이 지난 뒤, 서툴지만 학습 플래너인 셀프리더에 계획을 세우기 시작했습니다. 에듀플렉스의 CHAMP학습법 등 공부법과 노트 정리법도 익혀 나갔습니다. 저도 모르는 사이에 집중력과 절제력이 발전하는 것을 느꼈습니다. 그렇게 반년이라는 시간이 빨리 지나갔습니다.

사실 여기까지만도 저에게는 놀라운 변화였습니다. 매니저님은 최선을 다해 저를 훈련시켰으며, 저는 그 상황에 적응하기 시작했습니다. 공부 습관이 서서히 잡혀 나갔습니다. 저는 점차 체계적으로 공부해 나갔고 눈부시게 발전하기 시작했습니다.

기적 같은 시간들

중3 2학기가 되자 저의 성적은 폭풍같이 오르기 시작했습니다. 시험이 끝나고 나면 성적 향상상, 과목 우수자상 등을 모두 휩쓸었습니다. 집중력, 자리에 앉아 있는 시간, 인내력, 의지력, 절제력, 계획 짜는 능력 등 모든 부분에서 엄청난 발전을 이루었습니다. 지금은 혼자서 텀스케줄을 짤 수 있으며, 100% 제 의지로 시작한 한국사능력 검정시험을 준비하고 있습니다.

제가 자기주도학습을 통해 얻은 것은 크게 두 가지입니다.

첫 번째는 자신감입니다. 저는 진심으로 스스로 노력하면 좋은 결과를 얻을 수 있다는 것을 비로소 알게 되었습니다. 그것은 공부가 될 수도 있고, 예술이 될 수도 있으며, 스포츠가 될 수도 있습니다.

공부 외 다른 것을 하더라도, 이러한 깨달음은 무엇이든 도전할 수 있다는 원동력과 자신감을 가져다주었습니다.

두 번째는 제 삶을 스스로 주도해 나갈 수 있게 되었다는 것입니다. 3년 뒤 저는 미성년자가 아닌 성인이 됩니다. 성인이 되면 스스로 인생을 설계할 수 있어야 하고, 누구의 도움을 받더라도 결국 제가 중심이 되어 삶을 주도해 나가야 합니다. 에듀플렉스에서 스스로 공부했던 경험은 앞으로 어른이 되어서 독립적으로 살아가기 위한 디딤돌이 되어 줄 것이라 생각합니다.

ADHD의 힘든 시간을 지나고 지금처럼 성장한 시간들을 돌이켜 보면 저는 정말 내 삶에 기적이 벌어진 것과 같은 생각이 듭니다.

영민이의 책상 ★

영민이는 온라인 강의를
듣고 나면 반드시
문제 풀이를 통해
배운 내용을 점검했다.

잘 이해가 되지 않은 부분을
자신만의 방식으로
설명해 적어 놓은 정리 노트.

05 성공해 본 자만이
꿈을 꾼다

★ ★ ★ ★ ★

"우리 아이는 다른 것에는 욕심도 많고 샘도 많은데, 유독 공부에
대해서는 아무 관심도 없어요. 나 같으면 저 성적을 받고는 속상해
서 밤에 잠이 안 올 것 같은데, 어떻게 저렇게 태평한지. 속이 비었
는지, 아니면 낙천적이라고 좋아해야 하는 건지 그저 답답하네요."

　학부모들이 공부에 대한 자녀의 태도와 관련하여 가장 안타까워
하는 것은 공부에 대한 무관심이다. 열심히 공부를 했는데 결과가
안 좋은 것이야 할 말이 없는데, 아예 공부에 전혀 욕심이 없는 모습
을 보면 화가 치민다는 것이다.

　승부욕이란 자기 자신을 극복하고, 타인과 선의의 경쟁을 하여 이
겨 내려는 마음을 말한다. 즉 '더 잘하고 싶다는 의욕'이다. 타인보
다 더 잘하고 싶어 하고, 과거의 나보다도 더 잘하고 싶어 한다.

　승부욕은 말 그대로 한판 승부를 내서 이겨 보고 싶다는 욕심이
다. 그 승부의 대상이 경쟁자가 될 수도 있고, 자기 자신이 될 수도
있다. 엄밀히 말하면 공부라는 행위 자체가 이미 복합적인 승부의

연속이다. 그 속에는 등수와 숫자로 환산할 수 있는 싸움도 있고, 숫자로 줄 세울 수 없는 정성적 평가도 있다.

학생들은 학교를 다니며 제도가 마련해 놓은 노골적이고 은밀한 수많은 경쟁체제에 적응해야 한다. 다양한 기준에 누가 더 부합하는지를 생각하며 행동해야 하는 동시에, 그 힘겨운 싸움을 회피해 버리고 싶은 자신의 무기력증과도 싸워야 한다.

공부에 관심을 잃은 학생은 웬만한 부모의 다그침에는 끄떡도 하지 않는다. 모르는 내용이 있어도 별 고통이 없고, 다른 친구들이 점수 1, 2점에 울고 웃는 것도 이해하지 못한다. 성적과 관련해서 라이벌이 없기에 누가 몇 등을 하든, 몇 점을 맞든 아쉬울 것이 없다. 이루고 싶은 목표가 없으니, 공부와 관련된 어떤 계획도 구속력을 발휘하지 못한다.

승부욕은 흔히 스포츠 선수들의 자질에서 가장 중요한 기량으로 꼽힌다. 객관적 역량은 조금 떨어져도 승부욕이 남다른 선수들은 초인적 집중력으로 실전에서 승리를 거머쥔다. 공부에서 승부욕이 발휘하는 힘도 스포츠와 다르지 않다. 지루하고 고통스러운 과정을 인내하게 하는 원동력은, 그 고난의 시간이 보람된 열매로 귀결될 것이라는 행복한 상상이다.

즉 타인보다 잘하고 싶다는 욕망이 다른 학생들보다 더 강렬하고, 그 성취감이 다른 종류의 만족감보다 더 큰 학생은 과정의 힘겨움을 극복할 수 있다. 최상위권 학생들치고 승부욕이 낮은 학생은 거의 없다.

그렇다면 승부욕은 학생의 타고난 기질에서 비롯되는 것일까? 어려서부터 유별나게 욕심이 많은 아이들도 있을 수 있겠으나, 흔히 말하듯 그것은 일상적인 다른 일에서 질투나 시샘의 형태로 발현되는 경우일 뿐, 천성적으로 공부에 욕심을 부리는 학생을 만나기는 어렵다.

"고기도 먹어 본 놈이 맛을 안다"는 속담은 공부의 본질적 속성을 정확하게 비유하고 있다. 크든 작든 공부를 통해 성취감을 맛본 학생만이 그 맛을 기억한다. 성적 상승이라는 최종 결과물이 아니더라도, 학생들은 공부를 통해 크고 작은 성취감을 경험한다.

방학 동안 다른 때보다 더 많은 시간을 공부에 투자했다거나, 어려운 문제집을 끝냈다거나, 목표했던 영어 단어 몇 백 개를 완전히 암기했다거나, 필독 문학 작품을 완독했다거나 하는 일이 그것이다. 혹은 취약했던 과목 점수를 작정하고 올렸다거나, 신경 쓰이는 라이벌을 꺾고 싶다는 나만의 승부에서 이겼다거나, 잘 보이고 싶은 선생님의 과목에서 만점을 받았다거나 하는 일도 거기에 해당된다.

중요한 것은 그 작은 시도들이 성공했을 때, 그 성공을 위해 땀 흘렸던 노력의 흔적들과 그 성공의 값진 성과물들에 큰 의미를 부여하고 격려하는 일이다.

"미운 골칫거리에서
성실한 모범생으로"

전교 175등 ➡ 11등
평균 62점 ➡ 96점

골칫거리 미운 아기 오리

꿈도 없고 아무런 공부 대책도 없는 상태에서 중학교에 입학한 저는 그저 친구들과 놀고 수다 떨고 자는 것이 좋았습니다. 학교 수업도 자주 빠지고, 지각도 밥 먹듯이 했습니다. 수업 시간에는 잠만 잤고 학교란 밥만 먹고 오는 곳이라는 생각도 들었습니다.

　1학년 1학기 때까지 문제집도 한 권 없었고, 평소에 공부를 한다는 것은 상상조차 하지 못했습니다. 심지어 시험 기간에는 부모님께 도서관에서 공부를 한다고 거짓말을 하고는 친구들과 밖에서 놀다가 집에 들어가기도 했습니다. 그러니 시험 기간에도 공부를 하는 시간은 고작 1시간도 안되었습니다. 새벽까지 스마트폰을 하다가 잠들고, 주말에는 오후가 돼서야 일어나 나가 놀다가 들어오는 일이 많았습니다.

한마디로 저는 골칫덩어리였습니다. 담임 선생님은 이런 제가 마음에 안 드셔서 부모님께 자주 전화를 했고, 저는 그럴 때마다 선생님, 부모님과 심한 갈등을 겪었습니다. 집에서는 부모님과 차가운 냉전 상태가 계속되었고, 그러면 그럴수록 저는 더욱 반항했습니다. 그런 저에게는 편하게 공부할 수 있는 장소도, 쉴 수 있는 공간도 없었습니다.

2학년이 되자 부모님의 권유로 에듀플렉스에 가게 되었습니다. 주말에 낮잠을 자던 저는 잠결에 부모님을 따라 나섰습니다. 아무 생각 없이 따라간 곳에서 얼떨결에 상담을 받게 되었고, 일단은 한 달만 다녀보기로 했습니다.

나를 바꾼 첫걸음

첫날, 준비해야 하는 책이 많았습니다. 매니저님과 텀스케줄을 작성하고 나니 '내가 과연 이것을 다할 수 있을까?'라는 생각이 들었습니다. 게을렀던 저에게 매니저님이 짜 준 계획은 너무 어이가 없어서 처음에는 웃음만 났습니다.

그러나 매니저님은 서두르지 않고 매일 조금씩 제가 할 수 있는 분량의 공부를 주셨습니다. 너무 많지도 않고, 적지도 않고, 조금만 노력하면 아슬아슬하게 달성할 수 있는 정도의 공부량이었습니다. 매니저님은 매일 조금씩 공부량을 늘렸지만, 이상하게도 저는 늘어난 공부를 예전보다 더 쉽게 해낼 수 있었습니다.

처음 3달 동안은 정말 피곤했습니다. 매니저님은 모든 분량을 다 완수해야 한다고 강요하지 않으셨고, 차근차근 해 나갈 수 있도록 지도해 주셨습니다. 그러자 안 좋던 습관이 조금씩 고쳤습니다. 평소 새벽까지 스마트폰을 끼고 자던 저는 '열심히 공부한 나에게 휴식을 주자!'라는 의미로 스마트폰 대신 잠을 선택했습니다. 수업 시간에 잠을 자고 땡땡이치던 저는 '수업 시간에 필기하는 시간도 부족하다!'라는 생각으로 45분을 정말 알차게, 계획적으로 공부했습니다.

그날의 학습 스케줄을 마치고 집으로 돌아가는 날에는 정말 뿌듯하고 기분이 좋았습니다. 갈등을 겪던 부모님께서도 제가 열심히 하려는 모습을 보고는 믿어 주시고 격려해 주셨습니다.

꿈을 향한 힘찬 날갯짓

2학년 1학기 말 쯤, 저는 '어떤 고등학교에 진학해서 어떤 직업을 가지고 사는 것이 좋을까?'라는 의문을 가지게 되었고, 때마침 매니저님과 진학 상담을 하게 되었습니다.

진학 상담을 하던 중, 한국조형예술고등학교라는 학교가 있다는 것을 알게 되었습니다. 평소에 미술에 관심이 많았던 저는 이 고등학교에 진학하는 것을 목표로 정했습니다. 매니저님은 저에게 내신 20% 이내의 학생들만 지원 가능한 '내신 성적 우수자 전형'으로 진학할 것을 추천해 주셨습니다. 그 말을 듣고 "너무 무리한 도전이 아닐까?" 하고 고민했지만 매니저님은 저에게 할 수 있다는 용기를 북돋아 주셨습니다.

전체적으로 성적을 진단해 과목별 전략을 세웠습니다. 먼저 국, 영, 수, 사, 과 다섯 과목 중 내신 수학과 과학이 가장 큰 걸림돌이었습니다.

수학은 개별 지도를 통해 모르는 개념을 더 쉽게 이해할 수 있게 도움을 받았고, 부족한 단원은 기출문제를 더 많이 풀어 보면서 준비했습니다. 처음에 수학 기출문제를 풀 때, 맞는 문제보다 틀린 문제가 더 많아서 포기할까 라는 생각도 들었습니다. 하지만 그럴 때마다 마음을 다잡았습니다. 과학도 수학과 크게 다르지 않았습니다. 학교에서 수업을 듣지 않으면 이해할 수 없는 내용이 많아, 예습보다는 학교 수업을 복습하는 위주로 복습 노트를 작성했습니다. 시험 기간에는 복습 노트 내용을 토대로 문제집 개념을 다시 한 번 더 정리했고, 더 이상 풀 문제가 없을 때까지 기출문제를 풀고 또 풀었습니다. 하루 종일 공부하고도 학습량을 다 채우지 못할 때에는 마음이 불편해 새벽까지 공부했습니다.

그렇게 공부하고 본 첫 시험에서 저는 전교 27등을 차지했습니다. 그리고 그다음 시험에서는 평균 96점에 전교 11등이라는, 지금까지 단 한 번도 받아 본 적 없던 최고의 성적을 받았습니다.

미운 아기 오리에서 기특둥이로

시험 기간 동안 시험 스트레스로 대상포진이 발병해 학교에 가지 못하는 날도 있었습니다. 그때도 저는 진통제를 먹으면서 매니저님과 함께 공부했습니다. 아직까지도 대상포진의 흉터가 남아 있습니다. 하지만 저는 그 상처가 열심히 공부한 사람에게만 수여되는 훈장이라고 생각합니다.

이제는 더 이상 조형예술고의 '내신 성적 우수자 전형' 진학이 제 목표가 아닙니다. 평균 96점, 전교 11등이라는 목표를 깨는 것이 저의 다음 목표입니다.

오늘도 저의 수학책에는 동그라미보다 빨간 체크 표시가 더 많고, 저는 빽빽한 텀스케줄을 소화해 내느라 늦게까지 수학 문제를 풀고 있습니다. 하지만 밤에도 공부하고 있는 제 방에 과일 접시를 가지고 오셔서는 '우리 기특둥이'라고 칭찬해 주시는 어머니와, 제가 힘들 때마다 잘할 수 있다고 믿어 주시는 매니저님이 있기에 힘을 내 공부합니다.

민재의 책상 ★

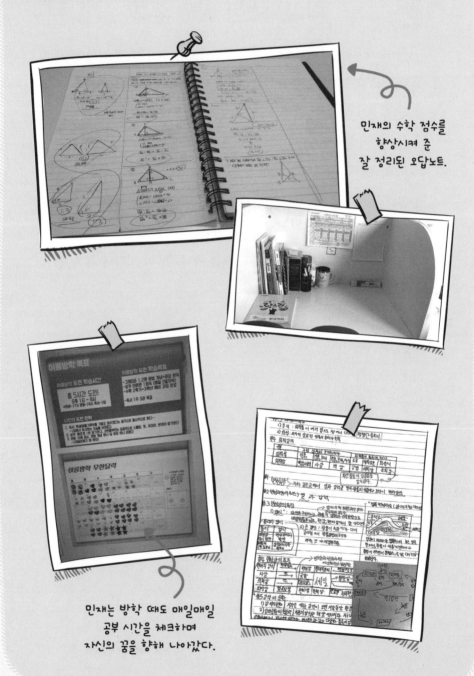

민재의 수학 점수를
향상시켜 준
잘 정리된 오답노트.

민재는 방학 때도 매일매일
공부 시간을 체크하며
자신의 꿈을 향해 나아갔다.

06 최상위권의 필수 조건

"게임을 할 때 보여 주는 집중력을 생각하면 전교 1등을 하고도 남을 것 같은데, 유독 공부에는 집중을 못 하니 이상해요."

학부모들이 자식에 대하여 이처럼 자랑인지 푸념인지 애매한 하소연을 할 때가 많다. 밤을 새워 게임을 하는 것을 보면 머리가 나쁜 것 같지도 않고 집중력도 대단한 아이라는 분석과 함께, 그 근성을 이제 공부로 돌리기만 하면 문제가 해결될 것이라는 주문을 던지고 돌아서는 것이다. 그러나 그것은 크나큰 착각이다. 공부의 속성은 누가 시키지 않아도 저절로 재미에 빠져드는 오락거리들과는 본질적으로 다르기 때문이다.

공부의 재미를 느끼기 위해서는 아주 많은 시간과 노력이 선행되어야 한다. 그 과정은 누구에게나 고통스럽다. 그 고통의 과정을 인내한 학생이 최상위권으로 등극한다. 그래서 며칠이고 게임에 집중할 수 있는 아이가 책상 앞에만 앉으면 10분이 멀다 하고 부산을 떨기 시작하는 것이다.

오기와 집념이란 목표하는 것을 이룰 때까지 끈질기게 노력하는 불굴의 자세를 말한다. 공부에 몰두하기 위해서는 일단 공부에 맛이 들리는 과정이 반드시 필요하다. 어느 정도 공부가 재미있게 느껴져야 공부에 대한 흥미도 생겨난다. 오기와 집념은 그 기초 단계에서 학생들이 공부의 지루함과 고통스러움을 참아 낼 수 있게 만드는 원동력이 되어 준다.

오기와 집념은 난이도 높은 문제에 끝까지 도전하는 끈질김으로 발휘되기도 하지만, 사실은 그 지독한 공부의 지겨움에 대처하는 마음가짐에서 더 큰 힘을 드러낸다. 도저히 단 한 장의 책장도 넘길 수 없을 정도로 공부가 지루해진 순간에도, 그 극심한 피로와 권태를 순식간에 극복해 버리는 무서운 뚝심이, 최상위권 학생들이 지닌 공부에 대한 오기요 집념이다.

공부에 집념이 있는 학생은 주기적으로 밀려드는 '놀고 싶은 욕망'을 단호하게 잘라 낸다. 조금이라도 지겹다는 생각이 들 때마다 바로 책을 덮어 버리는 학생들과의 결정적인 차이인 것이다. 공부는 쉽게 접근을 허락하지 않는 까다로운 개념과 문제들을 끈질긴 집중력으로 극복하며 조금씩 수준을 높여 가는 과정이다.

공부하다 막히는 부분만 만나면 바로 무기력과 짜증을 느끼고 공부 아닌 것으로 시선을 돌리는 학생들은, 자신이 덮어 버린 그 모든 곳에서 학습적 결손이 발생하게 된다. 그것이 누적되면 어디서부터 손을 대야 할지 막막한 학습적 그로기 상태에 빠지게 된다.

그냥 공부를 곧잘 하는 학생과 명실상부한 '최상위권' 학생들을 가르는 결정적 차이도 이 오기와 집념의 정도에 있다. 최상위권 학생들의 공부에 대한 결벽증에 가까운 태도는 그야말로 상위권을 넘어서 최고의 성과를 내고 싶다는 오기와 집념에 기대어 있다. 최상위권 학생들은 일반 학생들과 다른 몇 가지 특징을 보여 준다.

자기 공부 시간에 대한 집착이 심하다

최상위권 학생들은 혼자 공부하는 시간 확보에 예민하다. 이들은 수업은 결코 진짜 공부 시간이 될 수 없다고 생각한다. 배운 내용을 흡수하기 위하여 자기에게 필요한 시간이 얼마나 되는지를 감각적으로 알고 있다. 일상이 바쁠수록 공부할 수 있는 시간은 부족해지고, 학교 보충 수업이나 학원 특강이 추가되는 예외적 상황도 수시로 발생한다. 소화해야 하는 과제가 늘어날수록 점심 시간도 쪼개 쓰고, 등하교 시간도 활용한다. 밤잠을 줄이는 것은 기본이다. 다른 학생들 눈에는 유난스러워 보이기도 하지만, 그것은 그들이 최상위권 학생들의 공부 시간에 대한 절대 기준을 알지 못하기 때문이다.

계획의 실천에 대한 집념이 강하다

똑같은 기간 동안 학습 계획을 세워도, 최상위권 학생들이 같은 시간 동안 수행해 내는 공부량은 다른 학생들과는 비교할 수 없을 정도로 많다. 다른 학생들의 거의 2~3배에 달하는 계획을 실천해 낸다. 최상위권 학생들의 놀라운 점은 제시된 계획은 무슨 일이 있어도 완수하려는 집착에 가까운 의지다.

고등학교 2학년 정우는 강남의 명문 고등학교에서 전교 3등 안에

드는 학생이었다. 다른 학생들 눈에 과하게 보이는 공부 계획도 정우는 반드시 완수했다. 그 주에 완결해야 할 목표량뿐만 아니라 적어도 6개월 정도의 시간 동안 이루어야 할 계획도 다 정해져 있었다. 한 번은 정우가 매우 침울한 표정으로 매니저를 찾았다. 이유인즉 1학기 기말고사가 끝난 날 친구들과 영화를 보기로 계획했는데, 하필 그날 아버지가 시험 삼아 전국 단위의 고3 모의고사에 응시해보라고 하셨다는 것이다. 그날 영화를 보면서 하루를 완전하게 놀아야겠다는 생각으로 5개월을 4시간만 자면서 버텼다고 했다. 아버지의 말을 어길 수 없기에 5개월 동안 꿈꾸었던 계획이 날아갔다며 정우는 몹시 실망한 모습이었다.

영화는 다음 날 보면 되지 않느냐는 질문에, 정우는 다음 날부터 새로운 공부 계획이 시작되고, 시작부터 약속을 어기고 싶지는 않다고 했다. 결국 정우는 영화를 포기하고 전국 모의고사에 응시했다. 전 과목에서 두 개 틀렸다며 한결 밝아진 표정으로 돌아온 정우는 다시 예전의 다부진 표정으로 새로운 공부를 시작했다.

공부에 집중할 수 있는 시간이 월등히 길다

재호는 목동 지역의 고등학교에서 전교 1, 2등을 다투는 학생이다. 공부를 시작하기 전 재호는 매니저를 찾아와 간단한 상담을 받는다. 상담이 끝난 후 재호가 다시 매니저를 만나는 것은 그로부터 4시간이 지나서다. 그사이에 재호는 책상에서 일어나지 않는다.

학생들이 한번에 공부에 집중할 수 있는 시간은 학생마다 다르다. 학년이 어릴수록 집중 시간이 짧고, 고학년이 될수록 그 시간이 길어진다. 그러나 고등학교 고학년이 되어도 책상에 30분 이상을 앉아 있지 못하는 학생을 만나기도 한다. 민희도 그런 학생이었다.

민희는 책상에 앉아 책을 편 후 오늘 해야 할 분량을 대충 훑어보고 나면 벌써 공부가 지겨워지곤 했다. 30분 앉아 있다가 화장실 한 번 다녀오고, 20분 문제집을 끄적거리다 친구에게 문자를 보내고, 20분 책을 뒤적이다가 거울 한 번 보고, 간식을 먹으러 배회하는 식이었다.

그에 비하여 재호는 한번 공부를 시작하면 보통 3, 4시간 동안은 꼼짝도 하지 않고 공부에 몰입한다. 화장실도 가지 않는다. 주위에서 누가 말을 걸어도 듣지 못할 때도 많다. 똑같이 3시간을 공부한 후 재호가 공부한 분량은 민희가 공부한 분량의 10배도 넘었다.

정신적 나태함을 스스로 경계한다

공부밖에 모를 것 같은 최상위권 학생들이 의외의 취향을 보여 줄 때가 있다. 주말에 하루 종일 PC방에서 게임을 했다고 말하는 학생도 있고, 외국의 R&B 그룹의 음악에 매니아적 취미를 지닌 학생도 있다. 조립한 나노 블럭이 수십 개나 된다고 자랑했던 학생도 전교권의 성적을 유지하는 모범생이었다.

고도의 정신력으로 무장하여 가끔은 이 학생들이 정말 중고등학생이 맞는지 의문을 갖게 하는 아이들도, 곰곰 생각해 보면 역시 다른 아이들과 다를 바 없는 10대 청소년일 뿐이다. 세상을 향해 관심이 뻗어 있고, 놀고 싶은 욕망도 다른 학생보다 조금도 덜하지 않다. 차이점은 이 학생들은 자신의 마음속에 꿈틀대는 욕망들을 적절한 방식으로 통제하고 해소할 수 있는 자기만의 방법을 찾아낸다는 점이다. 각종 유혹에 쉽사리 공부 페이스를 망치는 다른 학생들과는 달리, 이 학생들은 자신의 마음에 태만함이 깃드는 징후를 예민하게 감지하고, 욕망의 억압으로 누적된 스트레스를 해소할 적절한 타협점을 만들어 낸다.

'완성'에 대한 기준이 높다

고등학교 1학년 혜성이는 누구나 인정하는 전형적 모범생이었다. 극도로 내향적인 성격이라 별말이 없이 교실 한구석에서 자기 자리를 지킬 뿐이었다. 활달하지 않은 성격에 학교에서도 눈에 띄지 않아 친구들 사이에서도 별 존재감이 없었다.

　정작 혜성이와 깊은 대화를 나눠 본 후 매니저는 이 아이가 얼마나 단단하고 지독한지 금세 느낄 수 있었다. 이해력이 비상하여 개요만 듣고도 핵심을 파악하는 데 능했으며, 치밀하고 꼼꼼하여 전체 뼈대를 세운 지식에 세밀한 살을 붙이며 공부했다. 무심한 듯 앉아 있는 뒷모습과 달리 대화를 하며 바라본 혜성이의 눈에는 언제나 묘한 광채가 빛났다. 늘 별 감정의 동요가 없이 물처럼 고요하게 자기만의 공부에 빠져 있어 공부 스트레스가 없는 사람처럼 보였다.

　어린 시절을 외국에서 살다 온 혜성이는 영어가 주력과목이었다.

장래 희망도 영문학도가 되어 영미 문학을 공부하는 것이었다. 헤밍웨이를 좋아하고, 시간이 날 때마다 영미 고전 소설을 읽는 것이 취미였다. 진학하고자 하는 대학에서 주최하는 영어 구술 대회를 준비하기 전까지 매니저는 혜성이가 얼마나 철두철미한 성격인지 알아채지 못했다. 대회를 준비하기 시작하며 혜성이는 지금까지와는 전혀 다른 사람이 되었다. 평화롭던 표정이 사라지고 두 눈에서 빛이 나기 시작했다. 많은 시도와 준비를 거듭하면서도 부족하다는 푸념을 입에 달고 살았다. 잠을 자면서도 대본을 고친다는 말을 할 정도로 하루 종일 고민을 거듭했으며, 매니저 눈에는 완벽해 보이는 그 순간에도 불굴의 의지로 부족함을 보충해 나갔다.

전국의 실력자들이 모인다는 그 대회에서 놀랍게도 혜성이가 1등을 차지했다. 온갖 경시대회 준비 학원이 넘쳐 나는 가운데, 오로지 자신의 의지와 노력만으로 그 결과를 거둔 것이다. 가장 큰 무기는 혜성이의 내면에 존재하는 완성에 대한 기준값이었다.

07 청소년기 학생들의 특징

이제 막 사춘기를 시작한 자녀를 매니저에게 맡기며 학부모는 얼마간의 분노와 탄식을 털어 놓는다. 초등학교 때까지는 말도 잘 듣고, 부모와의 관계도 좋았는데, 어느 날 갑자기 아이가 변했다는 것이다. 집안 분위기도, 부모님의 양육 방식도 달라지지 않았는데 문득 자녀의 태도가 반항적으로 변하니 한편으로는 섭섭하기도 하고, 화가 치밀기도 한다며 학부모들은 긴 하소연을 시작한다.

눈빛이 곱지 못하고, 무슨 말을 해도 "알아서 한다"며 소리를 지르기 일쑤다. 유난히 외모에 관심이 폭발하여, 여학생들은 때 이른 메이크업을 시작하고, 너도나도 꿰맨 듯한 교복을 입고 다니며, 남학생들은 브랜드 운동화를 따지기 시작한다. 친구들과 무리를 지어 몰려다니는 것을 좋아하고, 하루 종일 학교에서 함께 지냈으면서 집에 돌아와도 문자와 전화가 끊이지 않는다. 어설픈 허세가 충만하여 남녀를 불문하고 입에서 거친 욕을 뱉어 내고, 경우에 따라 주먹 싸움도 불사한다. 감정은 기복이 심하다는 말로는 설명이 부족할 정도로 널뛰듯 변화하여 부모를 당황하게 만든다. 방금 전까지 별것도 아닌 일에 숨 넘어갈 듯 깔깔거리다가, 곧바로 괴성을 지르며 울부짖기도 한다. 자기의 말과 행동은 앞뒤가 안 맞는 것투성이인 주제에 부모의 작은 실수에도 경멸과 비난을 퍼붓기도 하는 모순적 존재가 이 시기의 아이들이다.

도대체 어떻게 다루어야 할지 모르겠다며 고개를 설레설레 젓는 부모들은, 갑자기 외계어를 쓰는 것처럼 자녀와의 소통이 막혀 버린 이 상황 앞에 막막함과 절망감을 동시에 경험한다. 그렇다고 어서 빨리 이 고비가 지나가기만을 기다리며 1, 2년 동안 자녀와 대화를 끊고 살아가기도 어려운 일이다. 자녀가 보여 주는 급작스럽고 난폭한 변화에 대처하기 위해서는 우선 이 시기 학생들의 내면을 이해해야 한다. 대상에 대한 이해가 깊어지면 객관적인 현실은 달라지지 않는다 해도 그것을 받아들이는 사람의 마음에는 평화가 찾아온다.

청소년 시기는 아동에서 성인으로 성장하는 과도기를 의미한다. 해맑고 순진하던 어린이의 영혼은 고작 6, 7년이라는 짧은 시간을 거치며 세상과 정면으로 승부해야 하는 어른으로 성장한다. 부모가 사춘기 자녀의 육체적 성장을 대견하고 경이로운 마음으로 바라보는 그 시간, 육체의 빠른 성장과 비례하여 아이들의 영혼도 급속도로 변화한다. 그 변화는 크게 두 가지 대표적 욕망으로 표출되곤 한다.

첫 번째는 독립의 욕망이다. 부모를 서운하게 만드는 청소년기 자녀의 가장 큰 특징은 '반항'이라는 이름으로 수렴되는 모든 저항의 에너지다. 부모의 말이라면 생각도 안 해 보고 일단 반대부터 한다. 고등학교 수학 선생님인 어머니에게 "엄마가 수학에 대해 대체 뭘

아느냐"며 소리를 지르는 아들을 보고 더 이상 말이 안 통하겠다 싶어 매니저를 찾아온 어머니도 있다. 이 시기 아이들의 귀에는 부모의 모든 말을 왜곡해 버리는 마법의 필터가 하나씩 장착된다. 이 필터를 통과하는 순간 부모가 건네는 배려와 걱정의 말은 참견과 집착으로 곡해되고, 일상적 안부는 통제와 감시로 변질된다. 모르는 것을 가르쳐 주면 잘난 척한다고 비죽거리고, 모르는 것을 모른다고 하면 만사 성의가 없다며 난리를 친다. 도대체 왜 이러는 것일까?

그것은 성장하는 아이들의 가장 큰 과업이 부모로부터의 독립이기 때문이다. 아동기까지 자기를 보호해 주던 그 단단하고 포근한 부모의 보호막을 찢어 버리지 않으면 제대로 된 어른이 될 수 없다. 이것은 연어가 강물을 거슬러 올라가듯 본능적인 몸부림이다. 어른이 되는 연습을 하기 위해서는 가장 막강한 울타리를 부숴야 한다. 어린아이였던 자녀가 사춘기가 된다고 해서 부모의 보호 본능이 사그라드는 것이 아니기에, 자녀의 저항은 부모의 힘을 능가할 정도로 거칠고 거세다. 두 눈에 잔뜩 힘을 주고, 매맞을 각오를 하고, 순식간에 부모의 속을 뒤집어 놓을 정도로 막무가내가 되어야 한다. 마침내 부모가 조금은 체념적 상태가 되어 그 대책 없는 변화를 수긍하고 인정해 줄 때까지 이들은 부모의 껍질을 벗어던지기 위한 저항을 멈추지 않는다.

두 번째 욕망은 관계 형성의 욕망이다. 역시 어른이 되기 위한 일종의 가상 훈련이요, 예행 연습이다. 아동기까지 아이들은 자신을 둘러싼 세상과 지혜롭게 커뮤니케이션 하는 것이 얼마나 중요한 생존의 기술인지를 모른다. 타인과 조화로운 방법으로 소통한다는 것이 복합적인 사고와 민감한 감수성을 요하는 문제라는 것도 생각해 본 적이 없다. 굳이 노력하지 않아도 살아가기 위한 물질적, 정서적 후원이 넘쳐 난다. 자신을 둘러싼 환경은 따뜻한 물처럼 안온하고 평화롭다. 예외야 있겠지만, 여간해서는 아동기의 자녀가 부모를 대상으로 처세를 잘해야 살아남고, 제대로 처신하지 않으면 버림받는 일은 발생하지 않는다. 하지만 어른이 되면 처지가 달라진다. 인간은 복잡한 사회망 속에서 관계를 형성하며 일하고 놀고 생존한다. 타인과 관계 맺는 능력이 탁월하고 유연할수록 성공과 행복을 얻을 가능성이 높아진다. 그것이 비상한 머리와 좋은 학벌보다 더 절대적 힘을 발휘할 때가 많다.

타인과 좋은 관계를 맺고 건강한 유대감을 형성하는 훈련도 이 시기에 집약적으로 이루어진다. 청소년기의 학생들이 친구에 목숨을 거는 이유가 거기에 있다. 또래 의식이 발달하고, 무엇을 하든 친구와 함께가 아니라면 의미가 없다. 자기들끼리만 알아듣는 은어가 생겨나고, 별것 아닌 사건들로 친구들과 더불어 삶의 희로애락을 압축해서 경험한다. 초등학교 때 친구들은 살아가면서 많이 잊히는 반면, 중고등학교 때 사귄 벗들은 평생을 간직할 우정으로 남는다. 그 이유는 이 시기의 아이들이 타인과 의미심장한 관계를 맺는 일에 온 마음을 걸고 전격적으로 몰두했기 때문이다.

속사정을 모르는 부모들은 "친구는 대학 가면 얼마든지 사귈 수 있으니 지금은 그냥 공부에만 힘쓰라"는 터무니 없는 주문을 하기도 한다. 그것은 마치 키는 대학 가면 얼마든지 클 수 있으니 지금은 초등학교 때 입던 아동복을 입고 성장을 미루라는 요구와 마찬가지로 어이없는 간청이다.

세상에 관심이 높은 만큼 세상으로부터 자신에게 돌아오는 피드백에도 매우 예민한 시기기에 이 시절에 만들어진 좋은 인연은 평생의 자산이 되기도 한다. '나'에 대하여 관심을 보여 주는 선생님이나 멘토의 사랑이 학생의 인생 전반에 지대한 영향을 끼칠 수 있게 되는 것도 이 시기라서 가능한 일이다. 나를 알아주고, 나를 좋아해 주는 사람이 하자고 하는 일이어서, 아무 이유 없이 밤을 새우며 열심히 하고 싶은 마음이 든다는 관계의 마술도 빈번하게 일어난다. 청소년기 학생들에게 멘토의 격려와 응원이 필요한 이유가 그것이다.

아이러니하게도 사춘기 자녀의 행동에 대한 부모의 불만족은 많은 부분 자녀의 이 두 가지 욕망에서 기인한다. 부모에게 버릇없이 말하는 아들이 밉고, 하라는 공부는 안 하고 친구들과 싸돌아다니는 딸이 걱정된다. 뉘 집 자식인지 모르는 그 상상 속의 엄마 친구 아들은 사춘기 반항도 없고, 여전히 부모에게 다정하며, 친구들한테는 관심도 없이 공부에만 열중한다. 다른 집의 그 고분고분한 자식을 생각하면 우리 집 애는 천둥벌거숭이와 같다. 걱정에 땅이 꺼지고 섭섭함에 마음이 무겁다.

하지만 성장은 적정한 때가 있고, 때를 놓친 모든 일은 반드시 후유증과 부작용을 유발한다. 거쳐야 하는 일은 반드시 거쳐야 한다. 청소년기 학생의 궁극적 소명은 튼튼한 자아를 형성하면서 건강한 어른으로 성장하는 일이다. 그 과업을 이루기 위하여 모든 학생들은 하루하루 자기만의 전쟁에 온몸을 던지고 있다. 그 과정이 세련되지 못하고 거칠지라도 그것은 반드시 경험해야 하는 과정이다. 우리는 그것을 통과의례라 하며, 성장의 전투에서 얻은 영광의 생채기를 성장통이라 부른다. 어른에게 남은 일은 힘겹게 한 발자국씩 내일을 향해 내딛고 있는 그 아이들에게 변함없는 격려와 지지를 보내는 것이다.

3장

1등이 되는 학습관리

공부는
전략이다

"

학습은 학습 준비 과정 — 배우는 과정 — 익히는 과정
— 시험 — 피드백의 과정을 통해 완성된다.
이러한 일련의 과정들이 원활하고
효과적으로 진행되었을 때, 학생들은 성과를 얻을 수 있다.
자기주도학습을 하기 위해서는 학습관리가 필수다.
학습 효과를 끌어올릴 수 있는 학습관리란 무엇일까?

"

"하루 7시간 공부해요"

전교 320등 ➡ 40등
평균 40점 ➡ 75점

또 다른 엄마의 잔소리

고등학교 1학년 때까지 저는 친구들과 어울려 다니면서 노는 데 온통 정신이 팔려 있었습니다. 2학년이 되자 이런 저를 안타까워하고 걱정하던 어머니는 제게 에듀플렉스에 다녀 보는 게 어떻겠냐고 물으셨습니다. 그 당시 공부에 대한 생각이 눈꼽만큼도 없었던 저는 무조건 공부는 하지 않겠다고, 절대 가지 않겠다고 버티고 또 버텼습니다.

　어머니와의 오랜 실랑이 끝에 거의 끌려가다시피 에듀플렉스에 가게 되었습니다. 가뜩이나 싫은 마음으로 왔는데 에듀플렉스는 흔히 알던 학원의 분위기와는 많이 달라 더 당황했습니다. 'VLT 4G(에듀플렉스만의 자기주도학습검사)'라는 검사 후 매니저님과 상담을 나누면서도 매니저님의 이야기는 전혀 귀에 들어오지 않았고 한 귀로 듣고 한 귀로 흘려 버렸습니다. "엄마의 잔소리가 여기에서도 반복되는구나…"라고 되뇌었습니다.

에듀플렉스에서 자기주도학습을 시작한 뒤, 매니저님은 이렇게 철없던 저를 어르고 달래며 어떻게든 조금이라도 더 책을 붙잡고 있게끔 애쓰셨습니다. 여전히 게임 생각, 축구 생각, 놀 생각만 가득한 제게 이렇게나 마음을 쓰시는 모습에 한편으로는 매니저님께 죄송스러운 기분이었습니다.

따끔한 충고

자기주도학습을 시작하기로 한 만큼 저도 제 나름대로 책상에도 앉아 보고 책도 펼쳐 보며 마음을 다잡으려 노력했습니다. 하지만 학습 계획도 없고 학습 개념이 전혀 잡혀 있지 않았던지라, 공부는 산 넘어 산처럼 너무나 무거운 짐이었습니다. 그러던 어느 날 매니저님께서 따끔하게 충고 한마디를 건네셨습니다.

"준호 너를 꼭 대학에 보내 주고 싶지만 미안하게도 지금 이 상태로는 너를 받아 줄 대학이 하나도 없구나. 어떡할래? 준호 너, 대학 갈래, 말래?"

저는 매니저님의 말씀에 정말 벼락 맞은 듯, 정신이 번쩍 들었습니다. 앞길이 막막했습니다. 엄마 얼굴도 떠오르고 몇 개월 후면 고3이 된다는 사실에 덜컥 겁이 났습니다. 아무 말도 못 하고 당황한 제게 매니저님은 말씀하셨습니다.

"내가 책임지고 준호가 가고 싶다는 대학에 보내 줄게. 대신, 내가 하라는 대로만 무조건 따라와. 딱 1년 반이면 돼, 어때?"

매니저님의 그 말이 제게는 구세주의 말씀처럼 들렸습니다. 그리고 신기하게도 그 대화 이후 저는 매니저님의 분신이 되어 매니저님의 모든 말에 귀 기울이고 따르게 되었습니다. '1년 반만 참아 보자. 공부 한번 제대로 해 보자'라는 생각과 다짐이 가슴 깊은 곳에서부터 생기기 시작하자 제 모든 생활 패턴이 달라지기 시작했고 무엇보다도 공부하는 태도가 진지해졌습니다.

무엇을 어떻게 시작해야 할지 몰랐지만 모든 것을 다시 갈아엎는다는 생각으로 차근차근 한 과목씩 구체적으로 공부 계획을 짜 나갔습니다. 처음에는 그냥 수업을 듣기만 하는 강의식 학원을 다녔기 때문에 자기주도학습이 많이 낯설었습니다. 하지만 자기주도학습으로 집중력이 생기면서 금세 1년치 학습 내용을 완전히 내 것으로 만들 수 있었습니다.

"공부가 내 것이 되도록 하라!"는 매니저님의 말이 무슨 말인지 이해를 못했는데 그 말이 무엇인지 조금씩 알 것도 같았습니다. 공부가 점점 재미있어졌습니다.

영어 학원

영어는 비교적 자신 있는 과목이었지만 어릴 때부터 영어 학원을 다녔기 때문에 사교육에 의지하고 있는 부분이 많았습니다. 그런데 매니저님께서 모의고사 성적을 보시고는 영어 학원부터 끊으라고 강하게 말씀하셨습니다.

오랜 고민 끝에 저는 매니저님의 말씀에 따라 영어 학원을 그만두었습니다. 모의고사 속 단어 정리법과 기출문제 풀이 방법을 배우고 텀스케줄에 맞춰 스스로 영어를 공부했습니다. 영어 학원을 끊으면 영어 성적이 많이 흔들릴 것이라는 어머니와 저의 걱정과는 달리, 기적처럼 처음으로 영어 1등급을 받았습니다.

또 사회 탐구는 매니저님이 알려 주신 나만의 해설집 만들기, '꼬리달기' 비법으로 공부했더니 개념이 머릿속에 반복되고 출제 의도를 파악할 수 있어서 매우 효과적이었습니다.

평소 저는 집에 가면 마음이 편안해지고 피곤함이 몰려와 공부가 잘되지 않았습니다. 그런데 매니저님이 스마트폰으로 새벽 1, 2시마다 예고 없이 연락해 학습 진행 여부를 확인해 주시니 긴장을 놓을 틈도 없이 공부에 집중할 수 있었습니다. 결국 하루 공부 시간이 30분도 되지 않던 제가 무려 7~8시간 동안 공부할 수 있었습니다.

알찬 겨울 방학이 지나고 3학년 3월 첫 모의고사에서 저는 언어, 수학, 외국어에서 2등급을 받게 되었습니다. 매니저님과 부모님께서 좋아하시는 모습에 저도 너무 행복하고 아직 절대 늦지 않았다는 확신이 들었습니다. '공부가 재밌구나'라는 생각이 샘솟았습니다.

목표 대학을 정하고 저의 성향과 적성에 맞는 전공도 선택했습니다. 공부를 해야 하는 이유가 생기니 공부 의욕도 점점 강해졌습니다. 앞으로 남은 기간도 매니저님과 함께한다면 저의 목표를 꼭 이룰 수 있을 것이라고 믿습니다.

준호의 책상 ★

학교에서 이해되지 않은
내용을 학습 매니저와
함께 다시 점검해 보는
준호의 모습.

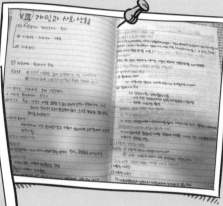

준호는 과목별로
자신만의 공부 방법을
찾아서 꼼꼼하게 기록했다.

01 양적 학습 시간과 질적 학습 시간을 관리하라

양적 학습 시간

게임에서 레벨을 높이는 기본적인 방법이 있다. 게임에 많은 시간을 투자하는 것이다. 축구를 잘하고 싶으면 축구장에서 오래도록 공을 차면 되고, 스키를 잘 타고 싶으면 스키장에서 살면 된다. 이처럼 무언가를 잘하고 싶은 사람은 그것에 많은 시간을 쏟아야 한다. 공부도 마찬가지다. 공부를 잘하고 싶으면 공부를 해야 한다. 다른 사람보다 더 잘하고 싶다면, 다른 사람보다 더 많이 공부해야 한다.

학원에서 수업을 듣는 것은 스스로의 공부 시간이 아니다. 수업 이후가 진짜 시작이다. 공부는 배우는 '학(學)'의 과정과, 익히는 '습(習)'의 과정이 고르게 충족되어야 완성된다. 학원이나 과외 수업만으로는 결코 온전한 공부를 이룰 수 없다. 학교나 학원 숙제만 하는 것도 완전한 자기 공부는 아니다. 스스로의 의지로 자신에게 필요한 공부를 하기 위해 머리를 쓰며 고민하는 과정이 진짜 공부를 하는 시간이다. 중학생이라면 하루에 3시간 이상, 고등학생이라면 하루에 4~5시간을 공부에 투자해야 한다.

질적 학습 시간

공부시간과 성적이 비례하는 것은 아니다. 절제력, 집중력, 집요함이 필수다.

절제력

공부만 하려고 하면 공부를 방해하는 것들이 너무 많다. 책을 펼치니 친구들에게서 전화가 오고, 거실에서 들리는 TV 소리에 나도 모르게 신경이 쓰인다. 인터넷 강의를 들으려고 컴퓨터를 켜면 여기저기 들르고 싶은 사이트가 많아서, 정작 강의는 시작하기도 힘들다. 친구들은 모바일 게임에 초대하는 신호를 보내고 어느새 내 의지와 상관없이 게임 순위를 올리기 위해 혈안이 되어 있다.

공부에 집중하기까지 학생이 극복해야 할 방해 요소가 여기저기 널려 있다. 학습을 방해하는 요소들을 스스로 참아 낼 수 있는 힘이 바로 절제력이다. 결국 누가 이 많은 유혹을 물리치고 공부에 집중할 것인지가 성패를 가르는 요인이다.

아주 작은 자극에도 쉽게 넘어가 버리고, 공부는 항상 뒷전으로 밀려난다면 아무리 좋은 교재나, 계획이 있어도 소용 없다. 이처럼 눈에 보이지 않아 측정하기 어려운 요소이만, 절제력이 없는 학생은 사소한 자극에도 하루 공부를 다 망쳐 버리고 만다.

집요함

쉽게 공부하는 방법이 하나 있다. 아는 문제만 풀고, 모르는 문제는 다 포기하는 것이다. 이런 식으로 공부하면 몇 시간을 공부해도 피곤하지 않다. 어려운 문제는 바로 넘어가면 되기 때문에 애를 쓸 필요도 없다. 그 대신 이렇게 공부하면 실력도 늘지 않는다. 어려운 내용을 파고들며 몰랐던 원리나 내용을 깨우치고자 노력하는 시간을 통해 실력이 향상된다. 이때 필요한 역량이 집요함이다.

집요함이란 완벽하게 이해할 때까지 끈질기게 파고드는 도전 정신을 말한다. 찬찬히 고민하고, 원리를 깨우치려 노력하고, 여러 번 생각하다 보면 어려운 문제도 해결할 수 있다. 대충 훑어봐서 어려워 보이는 내용은 쉽게 건너뛰거나 또는 무작정 외워 버리는 습관은 좋지 않다. 집요함은 완벽한 학습을 위해 꼭 필요한 역량이다.

집중력

하루 종일 책상에 앉아 있는데 성적이 맨날 그 타령이라면 그것만큼 속상한 일도 없다. 공부를 안 해서 성적이 나쁘면 모르겠는데, 공부밖에 하는 일도 별로 없는데, 성적이 그 자리라면 생각을 다시 해봐야 한다. 공부한 시간의 효율성을 따져 보아야 할 때다. 하염없이 책상에 앉아만 있는 것과 집중해서 공부하는 것은 공부의 효율성 측면에서 엄청난 차이가 있다.

집중력이란 공부에 의식적으로 주의를 기울이는 능력이다. 가짜 공부가 아닌 진짜 공부를 하기 위해서는 공부하는 시간에 더 빨리,

더 오래, 더 강하게 몰입하는 훈련이 필요하다. 집중력은 후천적으로 길러지는 노력이며 누구나 행동하면 발달시킬 수 있다.

　집중력을 키우기 위해서는 지금 나의 공부를 방해하는 요소는 없는지 환경을 되돌아보고, 학습에 몰입할 수 있는 조건을 조성해야 한다. TV나 스마트폰처럼 주의를 빼앗는 물건을 정리하고, 책상에는 공부에 필요한 도구만 준비한다. 또한 공부를 하기로 한 장소에서는 의식적으로 공부 외의 행동을 하지 않으려 노력한다면 공부에 몰입하는 능력을 키울 수 있다.

중3 동영이 이야기

"끝없는 추락, 그리고 반전"

전교 21등 ➡ 1등
평균 89.8점 ➡ 98.7점

머리만 믿고 노력하지 않는 건방진 우등생

초등학교 3학년부터 중학교에 가기 전까지, 저는 전교 1등을 거의 놓친 적이 없는 우등생이었습니다. 자만심에 차 있던 저는 시험 기간에도 열심히 공부하지 않았고, 시험 준비도 고작 2, 3일 정도만에 끝냈습니다.

그렇게 해서 시험을 못 보기라도 했으면 반성을 하고 공부 습관을 고쳐 볼 생각을 했겠지만 불행히도 저의 성적은 떨어지지 않았습니다. 벼락치기식으로 대충대충 공부하는 방식은 아예 습관으로 굳어져 버렸습니다.

그랬던 저는 중학교에 들어간 후 처음으로 친 배치고사에서 일곱 문제를 틀리며 충격을 받았습니다. 초등학교 때라면 상상도 할 수 없는 성적이었지만 그래도 전교에서 상위권 실력이었기에, 여전히 공부 방법을 고칠 생각을 하지 못한 채 1학년을 마무리했습니다. 중학교 1학년 겨울 방학 때도 목표 의식이 제대로 잡혀 있지 않고 공부의 필요성도 느끼지 못한 채 그저 학원에 끌려다니며 공부했습니다.

끝없는 추락 끝에 만난 에듀플렉스

중학교 2학년이 되자 설상가상으로 컴퓨터 게임에 빠졌습니다. 공부보다 게임이 훨씬 매력적이라 심지어 시험 기간에도 게임을 하는 사태가 벌어졌습니다. 또, 휴대폰도 스마트폰으로 바꾸면서 공부하기에 최악의 여건이 되었습니다. 저의 성적은 점점 나빠졌고 평균 점수는 90점 밑으로 내려갔습니다.

2학년 겨울 방학, 당시 저는 집중력이 매우 떨어져 있었고 중학교 시험에 맞는 공부 방법, 내신 관리법에 대해 전혀 모르고 있었습니다. 게다가 오랫동안 장래희망으로 품고 있었던 '컴퓨터 프로그래머'라는 꿈에 망설여졌습니다.

그러던 중 우연히 용인외고에 대해 알게 되었습니다. 처음으로 가고 싶은 고등학교가 생겼고 그러자 공부해야겠다는 마음이 자연스럽게 생겼습니다. 그러던 중 엄마가 자기주도학습을 할 수 있도록 한다는 에듀플렉스를 찾아가 보자고 하셔서 저는 그곳에 다니게 되었습니다.

제일 먼저 저는 잘못된 공부 습관을 고치기 위해 학습 플래너인 셀프리더를 이용해 공부 시간을 제대로 관리하는 습관을 들였습니다. 그러면서 과목별 공부법과 내신 관리법도 차츰 배워 나갔습니다. 그동안은 책상에 앉아 있으면서도 제대로 집중하지 못했는데, '정확한 공부 계획을 세우고 나니 시간을 좀 더 효과적으로 쓸 수 있구나'라고 깨닫기도 했습니다. 그리고 그날 배운 것을 체크하는 시간 때 매니저님과 확인하면서 복습과 확인 학습이 얼마나 공부에 도움되는지를 알게 되었습니다.

그렇게 난생처음 열심히 준비한 중3 1학기 중간고사 결과는 전교 6등! 다시 10등 안에 진입하게 되었습니다. 부모님께서는 별 말씀 없으셨지만 저는 떨어지기만 하던 성적을 뒤엎고 열심히 노력한 끝에 성취한 성적이라 매우 기뻤습니다.

중간고사 이후 공부 자신감이 붙은 저는 더욱 열심히 공부했습니다. 학교 수업 시간에 졸지 말고 필기를 열심히 하라고 일러 주신 매니저님의 조언이 도움이 되었습니다. 어찌 보면 당연한 말이지만 그냥 '이건 당연한 거야!' 하고 생각만 하는 것과 달리 '아 그렇구나! 나도 그래야지!' 하고 한번 생각해 보는 것은 확실히 달랐습니다. 그렇게 수업 때 열심히 듣고 필기하고 복습했습니다. 틈틈이 용인외고 입시도 준비했습니다.

그렇게 공부한 끝에 받은 기말고사 성적은 전교 4등, 반 1등이었습니다! 1, 2학년 내내 공부해도 들어가지 못했던 전교 5등 안에 드디어 들어갔습니다.

여름 방학은 저에게 매우 힘든 시기였습니다. 매일 6~7시간씩 공부하는 것이 쉽지 않았고 여름 방학에 친구들과 놀지 못하는 것도 아쉬웠습니다. 하지만 이왕 하는 공부라면 열심히 해 보자는 생각으로 함께 공부하는 친구들을 보면서 매일 최선을 다했습니다.

여름 방학이 끝나고 2학기 중간고사를 치르게 되었습니다. 하지만 제 기대와는 다르게 시험 결과는 전에 비해 떨어진 전교 8등. 여름 방학 동안 열심히 했던 제 노력이 결실을 맺지 못한 것 같아 억울한 마음도 들었습니다.

시험 분석을 하면서 중간고사 시험의 실패 요인을 찾으려고 노력했습니다. 그렇게 열심히 4주간 공부한 끝에 다시 기말고사를 보게 되었습니다. 교과서에만 집중해서인지 새로운 유형의 과학 문제가 조금은 어렵게 느껴졌지만 공부한 내용을 믿고 시험을 치렀습니다. 시험 결과가 나오기 전까지 저는 결과가 어떻든 열심히 했으니 후회하지 말자는 생각으로 중학교 생활을 마무리하고 있었습니다.

그러던 중 담임 선생님께서 제가 전교 1등을 했다는 사실을 알려 주셨습니다. 저는 너무나 기뻤습니다. 지난 2년 동안 1등이 되기 위해 애썼던 제 노력은 결코 저를 배신하지 않았습니다. 먼 훗날 제 꿈을 반드시 이루기 위해 앞으로도 열심히 공부할 것입니다.

동영이의 책상 ★

과목마다 기본서 한 권을
책상에 올려 두고
공부한 동영이.

과학에 유독 취약했던
동영이는 노트에
그림을 그려서
개념을 정리했다.

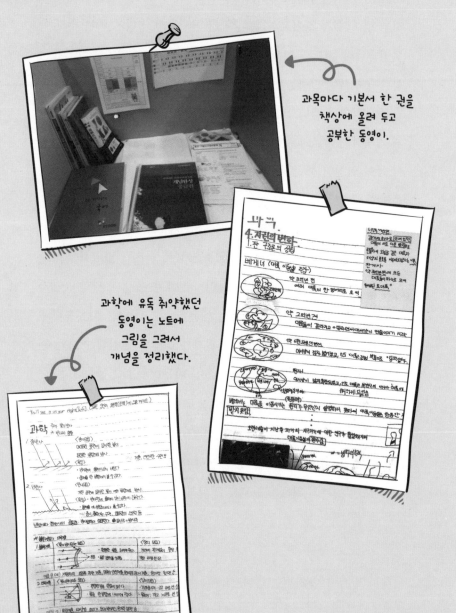

02 나에게 맞는 공부 무기가 필요하다

자가 진단

공부를 시작하기에 앞서 준비해야 할 것들 중 하나는 내 실력과 수준에 대한 객관적 판단이다. 스스로에 대해 정확한 진단이 있어야, 말도 안 되는 목표와 계획으로 시간을 낭비하는 것을 막을 수 있다. 자신에 대한 장점과 단점을 분석하고, 그것에 대한 해결 전략까지 찾을 수 있어야, 그에 맞는 과목의 우선순위와 비중을 정확히 셈할 수 있다. 또한 현재의 내 수준을 파악하고 나면, 궁극적으로 내가 원하는 목표와 현재의 실력이 얼마나 차이가 나는지를 깨달을 수 있게 되어 현실에 대하여 근거 없는 낙관을 하지 않을 수 있다.

공부는 게을리하면서 막연하게 잘될 것이라는 희망을 갖는 학생들은 주로 자기의 실력에 대한 정확한 진단 능력이 없는 학생들이다.

학습 도구 탐색

정확한 자가 진단을 마쳤다면 그다음 필요한 것은 그 전략을 이룰 수 있는 학습 도구를 고르는 일이다. 나의 수준에 맞는 교재와 강의를 찾는 일이 그것이다. 학생들은 공부하는 스타일도 다르고, 학습에 대한 강점과 약점도 다르다. 실력에 따라 현실적으로 적절한 강의의 수준도 차이가 난다. 많은 학생들이 교재나 강의를 선택할 때 주변의 평판이나 후기를 참고하는 경우가 많은데, 남들에게는 먹혔던 전략이 나에게는 전혀 들어맞지 않는 경우도 공부에서는 흔하다. 모든 학생들의 수준과 특장점이 천차만별이기 때문이다.

내 특징과 수준에 딱 맞는 교재와 강의는 공부의 흥미를 오래 유지하는 데도 도움이 된다. 너무 쉽지도, 어렵지도 않기 때문이다. 시행착오와 시간 낭비를 막아 주기에 목표를 달성하는 시간도 최소화할 수 있다. 전쟁에서 승리하기 위해서는 내 손에 딱 맞는 무기를 갖추는 일이 필요하듯, 시기와 목적, 수준을 고려한 나만의 전략은 편안하고 효과적인 공부가 가능하도록 도와준다.

자가 진단을 위한 3 STEP

Step 1 ≫ 나의 현재 위치 파악하기

전쟁터에서 전략을 세우기 전 가장 먼저 하는 것은? 바로 '전투 지형 파악하기'다. 실제 전투가 이루어지는 지형을 잘 알아야 전쟁에서 승리할 수 있다. 그러기 위해서는 현재 나의 상태에 대하여 정확하게 파악해야 한다. 그를 위한 첫 번째 준비물은 성적표다.

성적표에는 과목별 전교 등수, 지필평가 및 수행평가 점수, 태도 점수 등이 상세히 적혀 있다. 객관적으로 더 보완해야 할 과목과 신경 써야 하는 부분이 금방 보일 것이다. 고등학생의 경우 내신 성적 표뿐만 아니라 모의고사 성적표를 통해 더 정교한 정보를 얻을 수 있다. 이를 통해 전국의 수험생들과 겨루는 대학 입시에 대한 중요한 시사점을 얻을 수 있다.

성적표를 받으면 숨기거나, 구기거나, 은폐하려고만 하지 말고 반드시 빨간펜, 형광펜을 이용해서 분석해 보자. 심각한 부분, 떨어진 수치에는 빨간색 표시를, 전에 비해 오른 부분에는 형광 표시를 해서 스스로 성적 변화에 대한 정보를 정리해 보자. 성적표는 다음 시험 단기 목표를 잡는 데 쓸 뿐 아니라 6개월, 1년 단위로 누적해서 분석할 경우 자신의 학습 기본기와 연결하여 취약 과목을 보다 분명하게 파악할 수 있다.

Step 2 ››› 내 공부 스타일 찾기

나에게 맞는 공부 스타일이란 무엇일까? 그동안의 경험을 바탕으로 가장 공부가 잘되는 조건들을 정리해 보면 된다. 마인드맵을 이용하면 더 체계적인 정리가 가능하다. 시간, 장소, 방법, 계획, 조건 등으로 큰 분류를 잡은 후, 각 카테고리별로 세부 내용들을 확장하면 의외로 쉽게 내 공부의 개성이 드러난다.

Step 3 ››› 강점 공략하기, 약점 보완하기

전교 1등에게도 상대적으로 자신 없는 과목은 있기 마련이다. 각자의 사정에 맞게 약점을 찾아 보완할 수 있는 전략을 세워야 한다.

약점 보충만큼 중요한 것은 할 수 있다는 의지를 가지는 것이다. 나의 약점과 강점은, 그 과목을 얼마나 잘하는지에 대한 과목 성취도와, 그 과목을 얼마나 좋아하는지에 대한 과목 선호도로 파악할 수 있다.

WORKSHEET

강점 과목과 약점 과목 찾기

학교/학년	00고등학교 1학년		이름	이O은
1. 나의 교과목들	국어, 수학, 영어, 사회, 역사, 과학			

2. 나의 교과목을 아래의 칸에 나열하기

	성적 높음	성적 낮음
선호도 높음	영어	과학 국어
선호도 낮음	수학	사회 역사

3. 위 칸의 내용을 토대로 순위 정하기

공략할 강점 과목은?	공략할 약점 과목은?
★ 1순위 국어	★ 1순위 수학
★ 2순위 과학	★ 2순위

전쟁터에 총을 놓고 가는 것만큼 무서운 일은, 바로 잘못된 무기를 들고 가는 것이다. 나에게 맞는 전략을 세우는 일은 나에게 적합한 교재와 강의를 선택하는 것에서 시작된다. 도구에는 교재와 강의뿐 아니라 학원이나 과외도 포함된다.

교재, 강의를 고를 때 생각해야 할 필수 체크리스트

- 난이도가 나의 수준에 적합한가?
- 개념 설명 파트와 문제 풀이 파트의 분배가 적절한가?
- 교재 혹은 강의의 수준은 어떠한가?
- 디자인이 보기 편하게 구성되어 있는가?
- 진도율이 나에게 적합한가?
- 가격 수준은 적절한가?
- 자기주도학습이 가능한가?(해설지의 활용도, 강사의 피드백)

나에게 맞는 학습도구 탐색하기

학교/학년	00 중학교 1학년		이름	이O은	매니져	이O은

종류	☐ 인터넷 강의	과목	수학	나의 현재 학습 수준	1 ② 3 · 4 · 5
	☑ 학습교재	이것만은 반드시 확인하자!			
	☐ 학원/과외	문제 유형별로 나뉘어 있으면 좋겠다.			
	☐ 기타( )				

후보 1	강의 · 교재 · 학원(과외)명	0000

체크리스트	아주낮음 · 아주높음
☐ 난이도가 나의 수준에 적합한가?	1 · 2 ③ 4 · 5
☐ 개념 설명 파트와 문제풀이 파트의 분배가 적합한가?	1 ② 3 · 4 · 5
☐ 본강의 · 교재 · 학원(과외)의 수준은 어떠한가?	1 · 2 · 3 · 4 ⑤
☐ 진도율이 나에게 적합한가?	1 · 2 · 3 · 4 ⑤
☐ 디자인은 보기 편하게 구성되어 있는가?	1 · 2 · 3 ④ 5
☐ 가격 수준은 적절한가?	1 · 2 ③ 4 · 5
☐ 자기주도학습이 가능한가? (해설자의 활용도, 강사의 피드백 등)	1 ② 3 · 4 · 5
☐ 이것만은 반드시 확인하자!	1 ② 3 · 4 · 5
한줄평	개념학습을 하기에는 문제수가 너무 적은 듯.	총점	26

후보 2	강의 · 교재 · 학원(과외)명	0000

체크리스트	아주낮음 · 아주높음
☐ 난이도가 나의 수준에 적합한가?	1 ② 3 · 4 · 5
☐ 개념 설명 파트와 문제풀이 파트의 분배가 적합한가?	1 ② 3 · 4 · 5
☐ 본강의 · 교재 · 학원(과외)의 수준은 어떠한가?	1 · 2 ③ 4 · 5
☐ 진도율이 나에게 적합한가?	1 · 2 · 3 ④ 5
☐ 디자인은 보기 편하게 구성되어 있는가?	1 · 2 · 3 ④ 5
☐ 가격 수준은 적절한가?	1 · 2 · 3 ④ 5
☐ 자기주도학습이 가능한가? (해설자의 활용도, 강사의 피드백 등)	1 · 2 ③ 4 · 5
☐ 이것만은 반드시 확인하자!	1 · 2 · 3 ④ 5
한줄평	난이도가 맞지 않으나 진도율이 효과적임.	총점	26

후보3	강의 · 교재 · 학원(과외)명	0000

체크리스트	아주낮음 · 아주높음
◯ 난이도가 나의 수준에 적합한가?	1 · ② · 3 · 4 · 5
◯ 개념 설명 파트와 문제풀이 파트의 분배가 적합한가?	1 · 2 · 3 · ④ · 5
◯ 본강의 · 교재 · 학원(과외)의 수준은 어떠한가?	1 · 2 · 3 · 4 · ⑤
◯ 진도율이 나에게 적합한가?	1 · 2 · 3 · ④ · 5
◯ 디자인은 보기 편하게 구성되어 있는가?	① · 2 · 3 · 4 · 5
◯ 가격 수준은 적절한가?	1 · 2 · 3 · ④ · 5
◯ 자기주도학습이 가능한가? (해설자의 활용도, 강사의 피드백 등)	1 · 2 · 3 · ④ · 5
◯ 이것만은 반드시 확인하자!	1 · 2 · 3 · ④ · 5

한줄평	내용이 많이 어렵다. 그렇지만 이름값을 하는 교재.	총점	28

후보4	강의 · 교재 · 학원(과외)명	0000

체크리스트	아주낮음 · 아주높음
◯ 난이도가 나의 수준에 적합한가?	1 · ② · 3 · 4 · 5
◯ 개념 설명 파트와 문제풀이 파트의 분배가 적합한가?	1 · 2 · ③ · 4 · 5
◯ 본강의 · 교재 · 학원(과외)의 수준은 어떠한가?	1 · 2 · 3 · ④ · 5
◯ 진도율이 나에게 적합한가?	1 · 2 · 3 · ④ · 5
◯ 디자인은 보기 편하게 구성되어 있는가?	① · 2 · 3 · 4 · 5
◯ 가격 수준은 적절한가?	1 · 2 · 3 · ④ · 5
◯ 자기주도학습이 가능한가? (해설자의 활용도, 강사의 피드백 등)	1 · 2 · ③ · 4 · 5
◯ 이것만은 반드시 확인하자!	1 · 2 · 3 · ④ · 5

한줄평	개념을 익히고 문제풀이를 하기에 적절함.	총점	21

03 내게 맞는 계획을 짜야 한다

중장기 계획

나에게 맞는 학습 도구를 선택했다면 그것을 이용해서 중장기 플랜을 짜야 한다. 중장기 계획을 짜기 위해서는 나만의 구체적 목표를 설정해야 한다. 적어도 한 학기 정도 일관된 노력을 해서 얻고자 하는 나의 학습 목표는 무엇인지, 그리고 그 목표를 이루기 위해 내가 선택한 학습 도구를 어떻게 이용할 것인지를 계획하는 것이다.

시험 때만 반짝 공부하고 나머지 긴 시간들은 목표 없이 늘어져 있는 학생들은 중장기 플랜을 반드시 수립해야 한다. 나의 현실을 파악한 후, 개선할 목표를 정하고, 구체적 전략을 확고히 하는 일은 공부에 대한 긴장감을 높여 준다. 학원 수업과 학원 숙제가 내 공부의 전부인 학생들은 전략 없는 공부를 하고 있는 셈이다.

학습 플래너

중장기 전략을 세웠다면 이제 그것을 오늘 하루 어떻게 실천할 것인지 구체적 계획을 짜야 한다. '학습 플래너'는 하루 동안 해야 할

144

공부를, 사용 가능 공부 시간에 적절히 분배하여 적는 공부 다이어리다. 오늘 무슨 과목을, 어떤 책으로, 얼마나, 언제, 어떤 식으로 공부할 것인지를 작성한다. 계획과 실천을 비교하며 공부하는 습관을 기르기 위해서는 학습 플래너가 반드시 필요하다.

학습 플랜은 시험 기간에만 반짝 세우는 것이 아니다. 중장기 계획이 세워진 학생은 매일 그날 해야 할 공부가 명확하다. 평소에도 플래너를 작성하며 그날 공부한 내용을 기록하고, 자신의 실행력을 반성한다면, 목표 달성에 더 쉽게 다가갈 수 있을 것이다.

계획 세우기

같은 시간을 공부하더라도 내가 부족한 부분을 메꾸는 공부를 해야 한다. 공부를 위한 공부는 시간 낭비다. 남이 하는 것을 따라 하는 것은 어리석은 공부다. 내 계획에 나에 대한 전략과 방향이 있는지를 따져 보아야 한다. 그렇지 않으면 보여 주기 위한 공부를 하고 있는 것이다.

이때 계획은 구체적으로 세운다. 어떤 교재의 몇 페이지를 언제, 어디에서 풀 것인지까지 정해져 있어야 계획이라 할 수 있다. 하고자 하는 바가 자세하지 않으면 몸은 행동할 준비를 하지 않는다. 아주 명확하고 상세한 계획이 있어야 실천 가능성이 높아진다. 목표를 세울 때도 마찬가지다. 전교 몇 등을 하고 싶다는 막연한 목표를 정하기 이전에, 그 목표 달성을 위해 내가 공략해야 할 과목이나 전략은 어떤 것인지 치밀하게 작성해야 꿈이 현실로 이루어질 것이다.

중3 수연이 이야기

"계획을 세우고 공부하게 되었어요"

전교 127등 ➡ 45등
평균 40점 ➡ 92점

공부에 관심 없어요

중학교 1학년이던 저에게 공부는 오로지 학교 수업이 전부였습니다. 공부에 관심도 없었고, 학교에서 돌아오면 가방을 던져 놓고 게임을 하기에 바빴습니다. 학원에 다니기도 했지만, 학원은 엄마의 잔소리를 피해 시간을 때우러 가는 것에 불과했습니다. 한 학원에 다니는 것이 길어야 4개월일 정도로 이 학원에서 저 학원으로 옮겨 다니기 바빴습니다.

 시험일이 언제인지 시험 범위가 어디인지도 몰랐으니 시험 점수는 당연히 들쭉날쭉했고, 심지어 어떤 때는 시험일이 코앞에 닥친 것을 알고는 화들짝 놀란 적도 있었습니다. 시험이 다가오면 그냥 아무 책이나 손에 잡히는 책을 펼쳤습니다. 아무런 계획도 없고 열의도 없이 시험 기간이 빨리 지나기만을 바랐습니다. 시험이 끝나면 그나마 벼락치기로 외운 내용도 날아가 머릿속에 남아 있는 것은 없었습니다.

이렇다 보니 어떤 과목에서 최악의 점수를 받으면 아예 그 과목은 포기해 버리는 시험 공포증도 생겼습니다. 몇 번 시험을 치르고 나니 포기하는 과목이 한두 개씩 점점 더 늘어 갔습니다. 겉으로는 성적 따위 아무렇지도 않은 척 쿨한 척했지만, 이대로 계속되면 내 인생은 어쩌나 하는 불안감이 들고 걱정도 되었습니다.

그러다 에듀플렉스에서 매니저님을 만나게 되었습니다. 매니저님과 저에 대한 이야기를 나누면서 나도 이제 공부에 마음을 한번 붙여 봐야겠다는 생각이 들었습니다.

먼저 닥치는 대로 아무렇게나 공부하던 습관을 고치기로 했습니다. 공부 다이어리에 시험 총 계획을 적어 두고 하나씩 실천했습니다. 이렇게 공부를 해 보니 심지어 '나에게 교과서 내용을 요약하고 정리하는 능력이 있었구나' 하는 점도 깨닫게 되었습니다. 공부 계획을 세우고 나니 게임을 할 시간도 없었습니다. 점차 공부 시간을 늘리다 보니 훨씬 더 꼼꼼하게 공부할 수 있었습니다. 여러 번 반복해서 공부한 내용은 시험이 끝난 후에도 기억에서 쉽게 사라지지 않았습니다.

나만의 공부법

공부라고는 학교 수업 시간이 전부고 놀기 바빴던 제가 서서히 각

과목별로 공부가 잘되는 방법들을 터득해 나갔습니다.

 영단어를 공부하는 방법은 주로 두 가지였는데, 하나는 쓰면서 외우기(깜지)고, 또 하나는 단어장 만들기였습니다. 먼저 깜지는 종이를 대여섯 등분을 했습니다. 한 부분에는 영어만 쓰고 그 옆에는 해석을 쓰면서 혼자 단어 시험을 보듯이 외웠습니다. 그리고 틀린 단어는 색깔 펜으로 다시 쓰고 단어장에 추가했습니다. 단어장은 세로로 이등분 된 노트에 왼쪽에는 영어, 오른쪽에는 해석을 썼습니다. 해석 부분에는 단어의 품사도 쓰고 유의어나 반의어, 그 단어의 명사형, 동사형, 형용사형 등을 모조리 썼습니다.

예를 들면 'develop'이라는 단어를 쓸 때 오른편에는 '(동사)개발하다'를 쓰고 그 아래에 명사형 '(명사)development'를 쓰는 식입니다. 이렇게 하면 한 번에 최대 4개의 단어를 알 수 있게 되었고, 또 나중에 그 단어를 보면 관련 단어까지 술술 설명할 수 있을 만큼 실력이 늘었습니다.

문법은 먼저 개념서를 보면서 공부한 뒤 책을 덮고 내용을 정리했습니다. 틀린 부분은 색 펜으로 고쳐 썼으며 그다음에는 공부했던 것을 응용하기 위해 공부한 문법과 관련된 문장들을 독해했습니다.

독해는 꼭 끊어 읽기, 직독직해 방법을 썼습니다. 의역해야 할 때는 직역 옆 부분에 괄호를 만들어 기록했습니다. 그리고 독해 문장과 관련된 문법은 문장 옆에 표시했는데 이렇게 하면 독해와 문법을 한 번에 해결할 수 있어 효과적이었습니다.

암기 과목도 저만의 방법이 있었습니다. 그때그때 수업 진도에 맞추어 내용 정리 노트에 단원별로 정리했습니다. 모르는 용어는 따로 칸을 정해 적어 두는 것이 좋습니다. 그렇게 모인 개념을 다시 여러 번 반복해서 보면서 스스로 내용을 점검할 수 있었습니다.

제가 제일 좋아하는 과목은 역사였습니다. 역사를 공부할 때는 '연표'를 활용하면 도움이 되었습니다. 책의 빈 부분에 시대의 흐름을 적었는데, 이렇게 하면 시간 순으로 사건을 기억하기에 도움이 되었습니다.

이렇게 공부한 결과, 중3이 되자 최악이었던 점수는 조금씩 올랐고 마침내 평균 92점이라는 성적을 얻을 수 있었습니다. 공부에는 관심도 없던 제가 이제는 책상에 앉으면 매일매일 해야 할 공부 계획부터 세웁니다. 가깝게는 일주일, 멀게는 한 학기 계획까지 공부의 큰 그림을 그려 볼 수 있게 되었습니다.

수연이의 책상 *

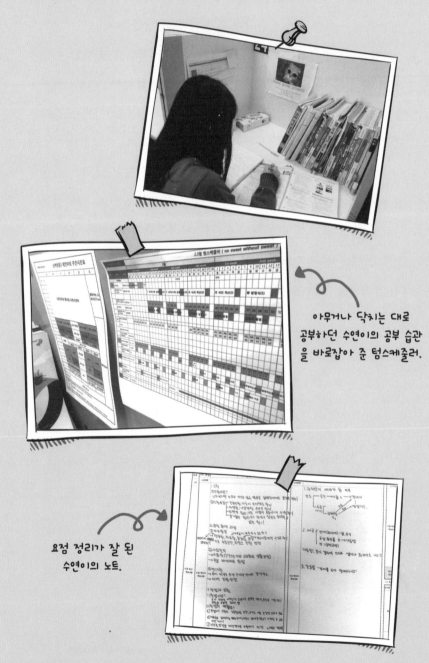

아무거나 닥치는 대로
공부하던 수연이의 공부 습관
을 바로잡아 준 텀스케줄러.

요점 정리가 잘 된
수연이의 노트.

04 CHAMP 학습법에 따라 공부하라

CHAMP 학습의 흐름

과목이나 학년을 떠나서 제대로 된 공부를 하려면 꼭 거쳐야 하는 사고의 흐름이 있다. '이해하기-사고하기-정리하기-암기하기-문제 해결하기'의 과정이다.

'이해하기'는 공부할 내용의 개념이나 원리를 찬찬히 받아들이는 과정이고, '사고하기'는 받아들인 내용을 내 지식 속에서 체계화시켜 내 것으로 소화하는 것을 말한다. '정리하기'는 앞서 이해하고 사고한 지식을 오래도록 보존하기 위해서 지식의 체계를 잡아 정돈하는 것을 의미한다. '암기하기'는 그야말로 받아들인 내용 중에서 외워야 할 것을 추려 외우는 과정이며, '문제 해결하기'는 공부의 최종 단계로서 공부한 내용을 문제에 적용하는 과정을 뜻한다. 각 과정을 종합하여 (이해하기 Comprehend — 사고하기 tHink — 정리하기 Arrange — 암기하기 Memorize — 문제 해결하기 Problem solving) 우리는 이러한 학습 과정을 'CHAMP 학습법'이라 한다.

학생마다 이 다섯 개의 과정 중에서 더 잘하는 분야가 다르다. 결국 제대로 된 학습을 하기 위해서는 원리부터 적용까지 공부의 전 과정을 빠짐없이 살피며 체계적인 공부를 해야 한다.

1) 이해하기

'이해'란 꼭꼭 씹어서 내 것으로 소화시키는 과정으로 '이해하기'는 모든 공부의 시작이다. 개념적 이해가 잘되어 있으면, 사고와 암기의 과정도 쉽게 해결되곤 한다. 학생들이 어려워하는 응용문제도 이해의 과정이 탄탄하면 두렵지 않다. 공부를 건축에 비유한다면 이해의 과정은 기초공사라 할 수 있다.

예를 들어서 고려의 태조 왕건의 정책 중 '호족포섭정책'을 외운다고 하자. '호족포섭정책'이라는 단어에 밑줄을 그으며 무턱대고 외우면 그 내용이 머리에 들어오기 힘들다. 그러나 태조 왕건이 처음 고려를 세우고, 지방의 힘센 호족들이 반란을 일으키지 않도록 하기 위해서 지방 호족들의 딸을 자신의 부인으로 삼았으며, 그래서 왕건의 부인이 29명이나 되었다는 것을 이해한다면, '호족포섭정책'이라는 말을 외우지 않아도 된다.

많은 학생들이 '이해하기'가 잘 안 되는 것은 이유가 있다.

● 문장 이해력이 낮다

국어 어휘력이 유난히 약해서 책을 펴면 모르는 단어가 많은 학생은, 책을 읽어도 무슨 내용인지 모르기 때문에 재미도 없고 읽기도 싫다. 가령 어휘력이 낮은 중3 학생에게 역사 과목의 '토지 대장'이라는 단어의 뜻을 질문했더니, "토지가 가장 많은 대장이요"라고 대답한 경우가 있었다. 이런 학생에게 역사책은 외국어로 적힌 책처럼 막막하게 느껴질 것이다.

● 배경 지식이 적다

어휘력이 낮은 것과 연관되는 현상일 텐데, 아는 것이 너무 적은 학생도 공부하기에 어려움이 많다. 어릴 때부터 읽은 책이 거의 없어서 상식이 매우 얕은 학생은, 같은 내용을 배워도 상식이 풍부한 학생에 비하여 내용을 쉽게 이해하지 못한다.

● 수업 듣기가 잘 안 된다

결국 어휘력이 낮은 학생은 배경 지식이 넓을 수 없다. 반대로 말하면 배경 지식이 좁은 학생은 그만큼 읽은 책이 없다는 의미이므로 어휘력이 좋을 수 없을 것이다. 이런 학생은 수업에 집중하기가 어렵다. 선생님이 아무리 쉽게 풀어 설명해도 무슨 말인지 이해하지 못하는 경우가 생기기 때문이다. 설령 어휘력이 좋고 배경지식이 넓은 학생이라도 수업 시간에 집중하지 못한다면 쉽게 이해할 수 있는 내용도 이해하기 어려울 수 있다. 그만큼 학교 수업은 중요하다.

2) 사고하기

'사고하기'는 끊임없이 묻고 설명하는 것이다. CHAMP 학습에서 '사고'의 단계가 가장 지적으로 능동적인 단계다. 주어진 학습 내용을 이해한 후, 이해된 내용을 바탕으로 계속 '왜?'라는 질문을 이어 가며, 자신만의 논리를 세우는 과정이기 때문이다.

공부할 내용을 '일단 암기하고 보자'는 수동적 자세로 받아들이게 되면 공부에 구멍이 뚫리게 된다. 깊이 있는 공부를 위해서는 지금 공부하고 있는 내용에 대하여 비판적인 태도로 끊임없이 의문을 품어야 한다. 마침내 그 단원의 내용이 논리적으로 완전히 수긍될 때까지 생각을 지속하는 것이 '사고하기'의 과정이다. 이 과정은 과목의 속성에 따라 조금씩 방법을 달리한다.

● 수학

'공식과 법칙 사고'는 보통 수학에서 필요하다. 수학은 단순 암기만으로 절대 정복할 수 없다. 수학을 잘하는 학생들은 경우에 따라 외우지 못한 공식조차 유도하며 문제를 풀어 낸다. 외우기도 힘든 공식을 스스로 만들어 내는 것은 어떻게 가능할까? 공식과 법칙이 만들어진 원리를 이해하면 해결된다. 더 나아가 문제에 접근할 수 있는 핵심 원리를 파악했기 때문에, 변형되고 응용된 문제가 나오더라도 당황하지 않는다.

● 과학

'그래프와 실험결과 사고'는 과학 성적과 직결된다. 과학 과목에서는 현상에 대한 이해를 돕기 위하여 다양한 실험이 실시되고, 각종 데이터가 그래프의 형태로 제시된다. 따라서 과학 과목에서는 실험

이해하기	국어	● 학습하기 전에 미리 알아야 할 배경지식을 익히는 갈래 학습하기 ● 글의 의미를 생각하며 읽고 받아들이기
	영어	● 새로운 단어의 의미를 파악하기 ● 문법 등의 용어와 내용을 익히기
	수학	● 새로운 용어를 이해하기 ● 새로운 수학 기호의 의미를 수용하기
사고하기	국어	● 글의 숨겨진 의미를 추론하기 ● 알고 있는 어휘를 활용하여 새로운 어휘의 의미를 유추하기
	영어	● 문맥을 통해 모르는 단어의 의미를 유추하기 ● 알고 있는 문법을 적용하여 새로운 용법을 이해하기
	수학	● 새로 공부한 공식의 유도 과정을 이해하여 공식이 적용되는 방식을 이해하기
정리하기		학습한 내용을 체계적으로 배열하고 기존 학습 내용과 유기적으로 연결하여 논리적으로 정렬하는 것
암기하기		이해하고 사고하고 정리한 내용을 암기하여 바로 꺼내어 쓸 수 있는 상태로 만드는 것
문제 해결하기		다양한 문제의 유형별 접근법을 익혀 적용할 수 있으며, 새로운 유형의 문제를 접했을 때 새로운 접근법을 구상, 적용하는 것

과정별 활동의 의미와 과목 활동

과 그래프를 해석하는 사고력이 매우 중요하다. 실제로 과학 교재를 펼치면 절반 이상이 실험과 그래프로 가득하다. 보통 그래프와 실험 속에는 각 단원의 핵심 개념이 담겨 있기에, 이것에 대한 해석을 통해 단원의 중요한 원리를 파악할 수 있다.

● 사회

'지도와 도표 사고'는 사회 과목과 연관이 깊다. 대표적 암기 과목으로 손꼽히는 사회 과목은, 사실 사고력이 필수적인 과목이다. 자연 현상에 대한 깊이 있는 이해를 위해 그래프와 실험에 대한 해독법이 강조되었던 것처럼, 사회 현상에 대한 이해를 위해서는 각종 지도나 도표에 능한 학생이 되어야 한다. 사회 과목에서는 글로 설명할 수 없는 메시지를 도표나 지도에 담아내기에, 단원의 핵심 콘텐츠를 도표나 지도에 연결하여 이해하는 습관을 길러야 한다.

● 영어

'독해 사고'는 영어 지문을 이해하며 읽어 나가기 위해 필요한 능력이다. '끊어 읽기'와 '직독직해'로 설명할 수 있다. 학년이 올라갈수록 영어의 문장 구조가 길고 복잡해지기에 지문 해석에 어려움을 호소하는 학생들이 많다. 영어는 우리말과 어순이 전혀 다르기 때문에, 보다 빠르고 정확하게 해석하기 위해서는 우리말을 읽을 때와는 다른 '스킬'이 필요하다. '끊어 읽기'는 영어 문장을 내용 단위로 끊어서 읽는 것이다. 내용이 어디서 분절되는지를 감각적으로 파악할 수 있다면 빠른 내용 이해가 가능하다. 끊어 읽기를 훈련하면 단어 몇 개로 대충 찍어 해석하던 수준을 벗어나 좀 더 정확한 해석을 할 수 있다. '직독직해'는 영어 문장을 읽는 것과 동시에 해석하는 것을 의미한다. 어순을 거슬러 완벽한 우리말로 번역하지 않고, 영어를 영어 그 자체로 받아들임으로써, 지문 해석 시간을 매우 단축할 수 있다. '직독직해'가 훈련되면 외국인이 영어책을 읽듯이 자연스럽고 빠르게 영어 문장을 독해할 수 있다.

3) 정리하기

'정리하기'는 공부한 내용을 구조화하여 노트나 교재에 담는 과정이다. 이는 보이는 모든 내용을 하나도 빼먹지 않고 노트에 필기하는 것과는 다른 개념이다. 공부한 내용 중에서 어떤 것을 남길지를 결정하기 위해서는, 우선 정보의 가치에 대한 판단이 필요하다. 정리하는 과정 자체가 학습 내용에 대한 또 한 번의 사고 과정인 셈이다.

　시중에 나오는 참고서에 내용 정리가 잘되어 있기에, 학생들이 따로 필기를 하지 않는 경우도 많다. 그러나 모든 학생들을 대상으로 전체 내용을 요약해 놓은 자습서의 핵심 정리는 나에게 꼭 맞추어진 내용은 아니다. 학생의 개인별 사정에 따라 더 강조해야 할 것도 있고, 넘어가도 되는 내용도 있다. 더구나 학교 선생님이 수업 시간에 강조한 내용은 자습서에는 드러나지 않기에 나만의 노트에 표시를 해 두어야 한다.

4) 암기하기

이해, 사고, 정리의 순서로 다지는 공부를 진행한 후 공부의 마무리 단계에는 '암기하기'의 과정이 있다. 주입식 공부의 단점으로 흔히 생각 없는 암기를 떠올린다. 하지만 허술한 공부의 대명사처럼 일컬어지는 암기는 효과적인 공부를 위한 필수 과정이다.

원리를 이해하며 공식의 유도 과정을 이끌어 낸 후에는 공식을 정확하게 암기하는 것도 필요하다. 암기한 공식에 대입하면 간단하게 해결될 문제를, 매번 공식을 유도하며 풀 수는 없는 것이다. 특히 알고 있어야 하는 세부적 지식이 많은 탐구 과목에서는 다양한 암기의 스킬도 필요하다. 명심하자. 암기는 못하는 것이 아니라 안 하는 것이다.

5) 문제 해결하기

공부를 다 끝냈다는 것의 정의는 무엇일까? 문제집의 단원평가 마지막 문제를 푸는 것이 공부의 끝일까? 같은 문제집을 풀고도 학생마다 성적의 차이가 나는 이유는 무엇일까? 그 차이는 모르는 문제에 대한 학생들의 태도와 반응에서 생겨난다. 보통 학생은 문제집을 다 푸는 것으로 공부도 끝이 난다. 성적이 좋은 학생의 공부는 문제집을 다 푼 이후 본격적으로 시작된다. 모르는 문제를 줄여 가는 과정이 결국 실력이 늘어 가는 과정이다. 그러기 위해서는 내가 모르는 문제가 무엇인지를 철저하게 가려 내는 것부터 시작해야 한다. 문제집이나 시험지의 오답 정리가 필요한 이유다. 그렇기 때문에 공부를 잘하는 학생은 의외로 문제집을 많이 사지 않는다. 자기가 몰랐던 내용을 표시하고 정리한 정보가 담긴 몇 권의 문제집을 반복해서 공부한다. 그 과정에서 자기 공부의 완성도가 높아지는 것이다.

05 이번 시험지는
다음 성적의 예고편이다

공부한 결과는 시험과 성적으로 판명된다. 나름대로 열심히 공부했으나 시험 성적이 예상에 크게 못 미친다면 무엇인가 잘못된 것이다. 내가 무엇을 잘했고, 무엇이 부족했는지를 알아야 비슷한 실수를 막을 수 있다. 그것을 아는 것이 어쩌면 더 공부를 잘하는 사람이 되기 위하여 가장 기본이 되어야 하는 요인일 수도 있다.

사람마다 약점과 강점이 다른데, 그것은 공부에서도 마찬가지다. 시험이 끝날 때마다 시험지를 분석하며 나의 허점이 어디에 숨어 있는지를 찾아내야 학년이 올라갈수록 시험에 강한 학생이 된다. 그러기 위해서는 시험지에서 반복되는 오류를 통해 나의 공부하는 스타일에서 무엇이 문제인지 판단할 수 있는 자기성찰적 사고 과정이 필요하다.

4장

1등이 되는 환경관리

공부는
환경이다

66

사람은 환경의 영향을 받는다.
학업 성취도가 높은 학생은 낮은 학생들보다
자신의 학습 환경을 만들고 관리하는 데
관심이 많고 또 뛰어나다.
공부가 잘되도록 하는 환경적 요인은
공부에 대한 욕구나 목표 못지않게 중요하기 때문이다.
자기주도학습을 가능하게 하는 마지막 요인으로
공부가 술술 되는 최적의 환경 관리에 대해 알아보자.

99

01 내 시간을 훔쳐가는 최고의 도둑, 게으름

민수의 가장 큰 특징은 게으름이다. 민수는 다른 학생들처럼 스마트폰을 끼고 사는 것도 아니고, 게임에도 별 관심이 없다. 매일 친구들이랑 몰려다니며 노는 것도 아니다. 그런데도 숙제든, 시험 준비든 버틸 수 있을 때까지 미룬다. 시험 공부는 제대로 끝까지 해 본 적이 없다. 수행 평가 과제도 마감일 직전에야 시작하니 좋은 점수를 받기 어렵다. 학교나 학원 갈 준비도 미리 시작하는 법이 없으니 지각도 잦다. 모든 학생들에게 주어진 시간이 똑같다고 하지만, 만사 게으른 민수의 사용 시간은 얼마 되지 않았다.

해야 할 일과 의사결정을 불필요할 정도로 미루는 것을 심리학적으로 '지연 행동'이라 한다. 지연 행동은 사람들에게 어느 정도 보편적인 현상이지만, 이 행동이 일상의 다양한 장면에서 빈번하게 발생하여 심각한 부정적 결과를 초래할 지경에 이르면 이는 문제다.

중고생의 15~20% 정도가 학업 지연 행동으로 인하여 잠재력보다 훨씬 낮은 성취를 보이고, 이로 인해 학습 부진으로까지 이어진다는 연구 결과가 나왔다. 지연 행동에 대한 심리학적인 원인은 다양하지만, 그것이 병적 치료가 필요할 정도로 극심한 것이 아니라면, 사소한 습관의 교정에서부터 개선의 방안을 마련해야 한다.

미루는 습관 측정	
내용	**체크**
학교에 다녀오면 많은 시간을 쉬면서 보낸다.	☐
학교에서 돌아와 학원 가기 전까지의 시간은 쉰다.	☐
숙제는 저녁이나 밤이 되어서 시작한다.	☐
급한 일과 아닌 일을 구분하는 생각을 거의 하지 않는다	☐
아무리 마감이 급해도 절대 서두르는 법이 없다.	☐
과제를 마감하기 위해 필요할 것이라 계산한 시간이 실제로는 늘 모자란다.	☐
무슨 일이든 마감일 전에 미리 해 놓은 적은 거의 없다.	☐
공부를 하려고 책상에 앉기까지 시간이 오래 걸린다.	☐

미루는 습관을 고칠 수 있는 가장 손쉬운 방법은 '일단 하는 것'이다. 즉 미루고 싶은 마음이 들 때 그냥 바로 해 버리는 것이다. '시작이 반'이라는 말은 모든 사람들의 마음에 보편적으로 존재하는 미루고 싶은 욕망에 대한 해답을 제시한다.

하고 싶지 않지만, 해야만 하는 일이라면 일단 그냥 해 보는 것이 가장 최선의 방법이다. 신기하게도 하고 싶지 않던 그 일도 시작하고 나면 속도가 붙고 집중력이 생겨나서 몰입하는 상태로까지 진행된다. 처음에는 심드렁한 마음으로 책상에 앉았지만, 공부를 하는 동안 점점 내용에 몰입하게 되어 심지어 재미를 느끼게 되기도 한다. 지연 행동을 고치는 방법은 지연 행동을 하지 않는 것이다.

미루는 습관을 고치기 위한 방법

❶ 이룰 수 있는 계획을 세웠는지 점검한다.

의욕만 넘치는 계획은 시작 자체를 엄두도 내지 못하게 한다. "열흘 동안 수학 정석을 완성한다"는 식의 계획은 계획이 아니라 소망에 불과하다.

❷ 과제와 시간을 작은 단위로 나눈다.

과제를 쪼개어 완성할 수 있는 일의 개수를 늘리면 성취감을 맛볼 수 있다.

❸ 완벽을 추구하지 않는다.

공부를 시작하기 위한 완벽한 조건이나, 공부의 완성에 대한 완벽한 기준을 지니고 있으면 쉽게 공부를 시작하기 어렵다. 완벽하지 않아도 하는 것이, 안 하는 것보다 훨씬 많은 소득을 가져다준다.

❹ 중요한 것부터 시작한다.

중요한 것은 어려운 경우가 많고, 어려운 일은 가급적 미루고 싶은 법이다. 그러다 대수롭지 않고 쉬운 일부터 처리하는 동안에도 마음속의 부담은 줄어들지 않는다. 과감하게 중요한 일부터 해결해야 한다.

❺ 가장 미루고 싶은 일을 할 시간을 습관으로 고정한다.

가급적 피하고 싶은 일이 있다면, 몸에 그 일을 맡기는 것도 좋다. 가령 '잠들기 전 영어 단어 20개 외우기'를 습관으로 삼아 무조건 실천한다면 나중에는 그 일을 받아들이기 훨씬 편해진다.

❻ 미룬다고 해서 할 일이 결국 사라지는 것이 아니라는 사실을 생각한다.

해야 할 일은 결국 해야 한다. 해야 할 일을 잠시 옆으로 치워 둔다고 해도, 그 일은 그 자리에서 꼼짝 않고 해결되기를 기다리고 있다. 그냥 해치우는 것이 가장 속 편한 일이다.

❼ 미루고 싶다는 생각이 드는 그 순간 바로 일을 시작한다.

결국 미루는 일은 습관이다. 머릿속으로는 해야 한다고 생각하고 있는 그 순간에도 몸이 말을 듣지 않는 것이다. 미루고 싶은 생각이 드는 순간 발딱 몸을 움직이겠다고 결심해야 한다.

중3 혜영이 이야기

"공부도 1등, 취미도 1등입니다"

전교 104등 ➡ 5등
평균 87점 ➡ 96점

만화책 중독자

중학교 1학년 때, 공개 수업 때문에 학교에 오신 어머니는 담임 선생님으로부터 이런 말씀을 들으셨습니다.

"혜영이, 열심히 하고 있어요….."

그 말 속에는 안타깝게도 '상위권은 아니지만…'이라는 말이 숨어 있었습니다.

충격을 받은 어머니는 집에 돌아오신 뒤 제 방 책장에 있는 만화책들을 한참이나 노려보셨습니다. 어머니의 눈에 만화책은 저를 망친 원흉이고, 저는 만화에 제대로 미친 애였습니다. 어머니는 초등학교 때는 나름 전교 상위권이었던 딸이, 이제는 하위권은 아니라는 사실에 안심해야 하는 지경에 이르렀다며 한탄하셨습니다. 그래서

166

어머니는 만화책을 '우리 딸 타락의 주범'이라며 저의 취미를 절대 인정해 주지 않았습니다.

저는 남들이 흔히 말하는 '만화 중독자'였습니다. 만화책을 꽂아 둔 책장이 모자라 방 구석구석에도 만화책이 쌓여 있었습니다. 제가 좋아하는 일본 애니메이션 성우는 목소리만 들어도 출연작을 줄줄 읊을 수 있었고, 간단한 일본 애니메이션은 자막 없이도 볼 수 있었 습니다. 한 편당 30분씩 120편이 넘는 애니메이션을 밤을 새워 가 며 이틀 만에 모두 보기도 하고, 한 달에 한 번 있는 만화 관련 행사 에 10만 원이라는 큰 돈을 쓰기도 했습니다.

중학교 2학년이 된 저는 더 이상 학원을 다닌다고 성적이 오르지 않았습니다. 학교 선생님이기도 한 어머니는 주입식 교육을 싫어하 셨습니다. 참다 못한 어머니는 지푸라기라도 잡아 보려는 심정으로 제가 다니는 모든 학원을 정리하고 자기주도학습으로 새롭게 공부 해 보자고 권유하셨습니다.

취미를 즐길 수 있는 직업을 갖자

에듀플렉스에서 만난 매니저님은 저의 취미를 무조건 나쁘게만 보 지 않으셨습니다. 오히려 무언가에 몰두하는 열정을 긍정적으로 바 라보시고는 제 취미를 진심으로 이해하고 공감해 주셨습니다.

"혜영이 너, 만화광이구나! 어떤 만화를 좋아하니?"

"… 뭐, 일본 만화는 다 좋아해요. 순정만화, 미스터리추리만화 등 등요."

만화는 절대 안 된다고, 무조건 버리라는 부모님과는 달리 일단 제 마음을 궁금해하는 매니저님과는 마음이 통하는 것 같아 낯선 에듀플렉스에 마음의 문이 열렸습니다. 그 뒤로도 매니저님과의 몇 차례에 걸친 상담을 하면서 '내 취미를 당당하게 즐길 수 있는 직업을 가지자'는 목표도 생기게 되었습니다.

자기주도학습을 시작하고는 학교를 마치면 학원으로 가던 예전과 달리, 혼자서 복습 중심으로 공부했습니다. 스스로 공부 계획도 짰고 학습 점검표도 정리하면서 어느새 공부하는 습관도 잡혀 갔습니다. 꼼꼼히 정리한 노트 필기는 학교에서 샘플로 여러 번 쓰일 정도로 우수한 평가를 받았고 성적도 차츰차츰 향상되는 게 눈에 보였습니다.

공부도 1등! 취미도 1등!

중학교 졸업을 앞두고 저는 마지막 수학 시험에서 1등을 하는 쾌거를 거두었습니다. 전체적으로는 1학년 때였다면 상상도 할 수 없을 정도로 성적이 올라 성적 상위 15%로 중학교를 졸업할 수 있었습니다. 고등학교에 진학하면 수시로 대학 입시를 노려볼 수 있겠다는 자신감도 생겼습니다.

고등학교 진학을 앞두고 그동안의 시간을 돌이켜보면 저는 공부하면서 우여곡절이 많았습니다. 한창 오르던 성적이 떨어지기도 했고 또 성적이 한동안 정체되는 슬럼프가 찾아오기도 했습니다. 그때 저는 하루하루의 계획을 세우는 데는 능숙했지만, 먼 미래를 보고

장기적인 공부 계획을 세우는 데는 미숙했던 것 같습니다. 매니저님도 제가 공부하는 방식이 꼭 하루살이 같다고 말씀하시며 이를 고칠 수 있도록 도와주시기도 했으니까요.

이러한 과정을 거치며 저는 제 나름대로 슬럼프를 극복하는 방법도 찾았습니다. 먼저 꿈, 목표하는 대학, 목표하는 학년 성적과 학기 성적을 정하고 이에 맞는 계획을 세웠습니다. 슬럼프로 방황할 때면 이런 계획을 보면서 꿈을 이룬 제 모습을 상상해 보았습니다.

시험 때면 늘 긴장해 실수를 많이 하기 때문에 시험 불안도 떨치려 했습니다. 평소에도 시험 때와 동일한 조건 아래서 시간을 정해 놓고 공부하면서 시험 불안증도 많이 줄었습니다.

저는 당연히 아직도 만화를 좋아합니다. 하지만 지금은 어머니가 보시기에 예전처럼 '만화에 제대로 미친 애'가 아닙니다. 저는 공부도 1등! 취미도 1등! 학생입니다.

혜영이의 책상 ★

쌓여 있던 만화책 대신
오직 교과서와 문제집으로
가득한 혜영이의 책상.

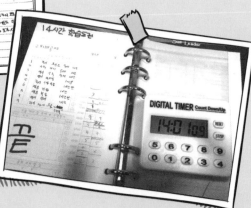

혜영이는 날마다
타이머로 자기 공부 시간을
설정해 놓고 공부했다.

02 빠져 나오기 어려운 늪, 게임 중독

공부하던 방에서 간단히 의자만 돌리면 곧바로 게임을 시작할 수 있는 환경이라면, 그 문제부터 해결해야 한다. 공부하는 중간에도 게임에 대한 생각이 난다면 스스로 자신을 경계해야 한다. 공부로 쌓인 스트레스를 푸는 용도로 가볍게 시작한 게임이, 일상생활 모두를 집어삼킬 정도로 심각한 지경에 이른 학생들도 종종 있다. 그 학생들은 폐인이라는 이름에 걸맞게 학생으로서의 모든 의무를 전폐하고 게임에만 몰두한다. 그 정도의 중증이 아니더라도, 더 중요한 일에 써야 할 귀한 시간의 상당량을 매일 규칙적으로 게임에 허비하고 있는 상황이라면 이미 중독이 시작되었다고 보아야 한다.

아직 미성숙한 학생들이 게임에 빠져들게 됨으로써 발생할 수 있는 문제는 심각하다. 게임에 빠져 있는 학생들의 뇌세포를 관찰해 보면, 게임을 하는 동안에는 시각적 신경활동이 너무 강력해서 이성적 판단력이나, 학습적 사고력이 눈에 띄게 감퇴한다고 한다. 특히 뇌가 활발하게 발육하는 시기인 유아기나 초등 저학년 때의 게임 중독은 뇌신경 회로의 변화까지 가져와 위험성이 더 커진다.

실제로 어릴 때 게임에 빠진 사람들이 게임을 끊기 더 어렵다고 하며, 그런 아이들은 읽기 능력, 상상력, 어휘력 등 학습 전반에서 학력 저하를 보인다는 연구 결과도 나왔다. 공부한 내용이 저장되는 뇌 공간과 게임에 대한 정보가 저장되는 뇌 공간이 같기에 게임에 몰입할 경우, 학습 내용이 저장되는 데 방해를 받는다는 것이다. 그만큼 게임에 대한 중독 증상은 날카롭게 경계해야 한다.

행동 습관에 불과한 게임이 알코올이나 니코틴처럼 화학적 중독과 유사한 양상을 보이는 이유는 무엇일까? 인간의 뇌는 시냅스의 반복 자극에 의해 신경 회로가 형성되는데, 어떤 일을 통한 보상이 반복적으로 지속되면 인간은 그 행위를 습관적으로 되풀이하려는 충동을 느낀다고 한다. 즉 게임을 통한 신경세포의 쾌감이 알코올이나 마약을 통한 쾌감과 동일한 자극을 주는 것이다.

문제는 처음에 느낀 그 쾌감이 습관화되면 뇌는 더 큰 자극을 찾게 되어 점점 더 강한 보상을 갈구하게 되고 그 결과 게임을 통해서도 더 강렬한 쾌감을 원하는 지경에 이른다. 게임에 더 깊이 빠져들고 레벨업을 갈망하게 되는데, 게임의 속성상 레벨이 올라가려면 많은 시간을 투자하는 수밖에 없다. 중증 중독자가 하루 종일 게임에 매달리는 이유가 그것이다. 마약 중독자가 점점 더 많은 양의 마약을 투여하게 되는 것과 같은 이치다.

따라서 게임에 대한 중독 정도를 판단하기 위한 가장 좋은 기준은 '시간'이다. 만약 일상에서 게임에 소비하는 시간이 조금씩 늘어나고 있다는 느낌이 드는 학생이라면 스스로 경계해야 한다.

게임 중독을 예방하기 위한 방법

① **게임 세상 안에서의 목표가 아닌 현실 목표에 집중하라.**

게임 안에서의 신분과 레벨은 잊자. 게임의 신분이 높아질수록 현실의 처지는 점점 더 열악해진다.

② **온라인 게임 세상 속의 벗들과 결별하라.**

온라인 게임 안에서 항상 만나게 되는 벗들과의 유대감을 포기해야 한다. 그들과의 유대감에 집착하는 순간 현실에서 만나게 될 진짜 벗들은 멀어져 간다.

③ **프로게이머의 이미지와 자신을 동일시하지 말라.**

프로게이머의 이미지에 자신을 투사하면서 게임하는 자신을 멋있다고 착각하는 학생들이 많다. 남들이 진짜 세상에서 중요한 일들을 이루어 가는 동안, 자신은 게임 속에서 가짜 성취감에 들떠 있을 뿐이다.

④ **게임방에서 쌓는 우정을 버려라.**

친구들과 어울리기 위해 게임방에서 '게임 한판' 하는 것이 일과로 굳어진 학생이라면, 그 모임에서 빠져나와야 한다. 게임방을 자주 이용한다면 중독의 위험은 훨씬 커진다.

⑤ **게임을 딱 끊어 버리는 요일을 정하라.**

매일 조금씩이라도 게임을 하지 않으면 허전해서 견디기 어려운 학생이라면, 일주일에 하루 정도 전혀 게임을 하지 않는 요일을 정해 실천하라. 의외로 잘 견디는 자신을 발견하고 놀랄 것이다.

고2 예지 이야기

"노력은 성적을 배신하지 않는다"

전교 300등 ➡ 84등
평균 63점 ➡ 93.5점

스마트폰과 공부

초등학교와 중학교 2학년 때까지만 해도 저는 주변에서 말하는 모범생이었습니다. 항상 시험이 끝나면 아이들은 제게 몰려와 답을 맞혔고, 선생님들은 제게 아이들 앞에서 문제를 설명해 달라는 부탁도 하셨습니다. 전 이런 일이 당연한 줄 알았고 언제까지나 영원할 줄만 알았습니다. 그런데 항상 웃으면서 절 맞아 주시던 담임 선생님이 어느 순간부터는 제 성적을 보고 한숨을 내쉬기 시작했습니다.

중3이 되자 지금까지 통하던 벼락치기가 더 이상 효과가 없어졌기 때문입니다. 저는 학년이 올라갈수록 늘어나는 공부량과 훌쩍 높아진 시험 난이도를 따라갈 수 없었고, 지금껏 벼락치기로 쌓아 올린 제 성적은 빠르게 무너져 내렸습니다.

174

중학교 3학년, 스마트폰이 손에 들어온 이후로 성적은 바닥으로 곤두박질쳤습니다. 공부에 흥미를 잃고 있던 제게 스마트폰은 훨씬 더 흥미롭고 자극적인 존재였습니다. 결국 스마트폰의 재미있는 세상에 빠진 저는 공부를 더 멀리했습니다.

중3 겨울. 비교적 다른 중학교에 비해 쉽다는 저희 학교 시험에서마저 저조한 성적을 받고 한참 삐뚤어져 있을 무렵, 저는 어머니의 손에 이끌려 에듀플렉스에서 자기주도학습을 시작하게 되었습니다. 부모님은 다른 학원과는 다른 에듀플렉스의 학습 방식을 알고는 실낱 같은 희망을 걸었지만, 저는 이곳 또한 또 다른 학원 생활의 연속일 뿐이라고 생각했습니다.

중3 겨울 방학

기말고사가 끝나자 친구들은 삼삼오오 모여 중학교 시절의 마지막을 화려하게 보내려 했습니다. 저만 학교가 끝나자마자 바로 에듀플렉스에 등원해 공부해야 했습니다. '다들 노는데 나는 왜 여기 있어야 하는 거지?' 하는 마음에 책상 앞에서도 졸고 딴짓하며 시간이 가기만을 기다렸습니다.

처음에는 학원도 다니지 않고 스스로 공부하는 것이 무척 낯설었습니다. 매일 학원에서 짜 주는 일정대로 움직이고 매일매일 학원 숙제에 치이던 제게, 스스로 오늘 공부할 과목과 양을 정하는 것은 학원에서 받던 숙제의 산을 해결하는 것보다 훨씬 어려웠습니다.

저는 학원 숙제보다 혼자 하는 공부가 더 어려운 것이 이상했습니다. 혼자 공부하면 내 마음대로 쉽고 편하게 공부할 수 있을 줄 알았습니다. 그러나 매니저님은 스스로 공부하면 지금까지는 생각할 필요가 없었던 생각을 해야 하니까 조금은 더 힘들 것이라고 말씀하셨습니다.

학원에서 어마어마하게 내주던 숙제에 비해 공부한 분량은 줄어들었지만, 공부하면서 이것저것 고민할 것은 훨씬 더 많아졌습니다. 처음에는 그것이 가장 어려웠지만, 일단 시작한 만큼 습관을 붙이려 하다 보니 차차 적응이 되었습니다. 그렇게 마냥 끝나지 않을 것만 같았던 중3의 겨울 방학도 끝이 보였습니다.

슬럼프

저는 에듀플렉스에서 자기주도학습을 하며 고등학생이 되었습니다. 그때까지만 해도 여전히 자기주도학습에 대한 신뢰가 없었고, 공부에 대한 흥미도 그다지 찾지 못한 상태였습니다. 심지어 고등학교 반 배치 고사를 보고 난 후에는 엎친 데 덮친 격으로 슬럼프까지 찾아왔습니다. 영어 시험지를 받고, 세 문제밖에 풀지 못한 채로 시험장을 나와야만 했습니다. 그로 인해 그나마 좋아하던 영어 과목에 마저 흥미를 잃고 극심한 방황기에 빠졌습니다. 중3 겨울 방학 동안 억지로나마 공부해 온 모든 것이 쓸모 없다고 느껴졌습니다.

하지만 그런 제게 매니저님은 희망을 주셨습니다. 한참 시무룩해져 있던 저를 볼 때마다 매니저님은 "그럴 때도 있지. 노력한 것은 절대 어디 가지 않아. 다시 잘할 수 있어!"라는 이야기를 건네주셨습니다. 매니저님은 절 포기하지 않고 꾸준히 제 생각을 바꿔 주기 위해 노력하셨습니다. 그렇게 고등학교 1학년 1학기도 빠르게 지나 갔습니다.

다시 찾은 공부 자신감

2학기 때, 저를 송두리째 바꾸는 일이 일어났습니다. 바닥을 기던 제 성적이 꿈틀하듯 올랐던 것입니다. 학기 초 이후로 흥미를 완전히 잃은 영어와 눈엣가시 같던 수학 점수가 20점이라는 큰 폭으로 훌쩍 올랐습니다.

다른 아이들이 시험이 어려웠다고 울던 그때, 저는 가채점한 시험지를 들고 어안이 벙벙했습니다. 내가 잘못 채점한 것이 아닐까 하고 시험지를 보고 또 보며 제 눈을 의심했습니다. 처음으로 저는 "꾸준히 노력하면 성적은 노력을 배신하지 않는다"는 매니저님의 말씀을 믿을 수 있게 되었습니다. 그때부터 저는 잃었던 자신감을 점차 회복하기 시작했습니다.

한번 상승세를 탄 성적은 꾸준히 올랐했습니다. 성적이 올라가는 것에 맛을 들인 저는 더 노력했습니다. 맛보지 못한 사람은 절대 알지 못한다는 그 달콤한 기쁨에 넘쳐 점점 더 욕심이 생겼습니다.

어느덧 예비 고3이라는 고등학교 2학년에 올라가게 되었습니다. 2학년이 되어서 더욱 어려워진 공부 탓에 상승세를 타던 성적이 잠시 주춤하는 듯했지만, 1학기 마지막에는 반에서 5등이라는 성적을 받았습니다.

더 이상 담임 선생님도 제 성적을 보고는 한숨 짓는 일도 없었고, 오히려 훌쩍 뛰어 버린 제 성적을 보시고는 "예지야, 너 희망이 있다. 이렇게 꾸준히만 노력하면 반드시 네가 원하는 곳에 도달할 수 있을 거야"라고 격려해 주셨습니다.

　이제 저는 학원에 의존하던 것에서 벗어나 스스로 공부하기 시작하면서 공부 자신감을 가지게 되었습니다. 이것을 시작으로 앞으로도 꾸준히, 조급해 하지 않고 천천히, 한 발자국씩 나아갈 것입니다.

예지의 책상 ★

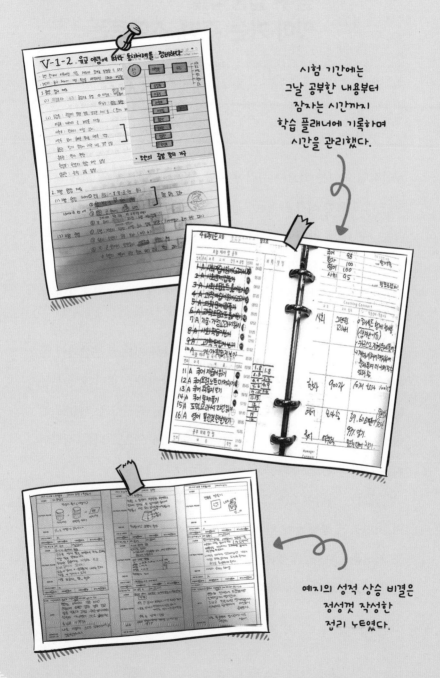

시험 기간에는
그날 공부한 내용부터
잠자는 시간까지
학습 플래너에 기록하며
시간을 관리했다.

예지의 성적 상승 비결은
정성껏 작성한
정리 노트였다.

03 공부 집중력을 앗아 가는 주범, 스마트폰

개인적인 차이는 있으나 사람이 한번 무엇인가에 집중의 상태로 빠지는 데 필요한 시간은 평균 7분이라고 한다. 공부를 하려고 책상에 앉는다고 해서, 곧바로 책의 내용이 머릿속으로 들어오지는 않는다. 필기구와 책을 챙기며 공부를 위한 물리적 조건들을 정돈하듯, 잡다하게 떠오르는 잡념들도 하나씩 정리하면서 생각의 조건도 공부를 위한 최적의 상태로 만들어야 한다.

집중력은 공부에 몰입되어 있는 생각이 다른 것으로 분산되지 않은 상태로 얼마나 오래 견뎌 낼 수 있는지에 대한 능력이다. 공부를 하다 보면 다른 방해요소가 없어도 그 긴장된 정신력은 저절로 해이해지고 그 순간 공부에 몰입되어 있던 머릿속으로 다른 생각이 치고 들어온다.

방해하는 사람이 없어도 저절로 무너지는 것이 집중력인데, 하물며 치명적인 방해물이 옆에 있다면 공부에 대한 몰두는 누가 보아도 어려운 일이다. 학생들의 공부를 방해하는 일등공신은 스마트폰이다. 스마트폰은 공부의 대표적인 방해물인 동시에 중독성도 강해서, 학생들은 공부를 하는 그 시간 동안에도 스마트폰이 눈에 보이지 않는 상황을 견디지 못한다.

"고1 여학생입니다. 공부만 하려고 하면 친구들이 보내는 카톡이 울려요. 친구들과 한두 마디씩 주고받다 보면 시간이 금방 가 버려요. 카톡이 오면 확인해야 하고, 답장을 쓰고 나면 친구들이 읽었는지 알고 싶어서 계속 스마트폰을 열게 되요. 기다리는 동안 인터넷도 돌아다니고, 페이스북에서 새로운 소식도 확인하지요. 이러다가 망할 것 같아서 스마트폰을 집에 두고 도서실에 가 본 적도 있는데 계속 '친구들한테 문자나 전화가 왔으면 어쩌지?' 하는 생각으로 불안해져서 오히려 공부가 더 안 됐어요."

스마트폰에 대한 집착은 게임 중독과는 성격이 조금 다르다. 게임 중독이 게임을 통한 자극적 충동에 빠져드는 것이라면, 스마트폰에 대한 집착은 스마트폰을 통해 시간과 공간을 초월하여 연결되어 있는 관계망으로부터의 일탈을 두려워하는 감정이 크다.

카톡, 밴드, 페이스북, 트위터, 인스타그램 등 스마트폰을 도구로 형성되어 있는 온라인 세상의 또 다른 사회들은 다양한 방식으로 그 사회에 속한 시민들의 참여를 독려한다. 공부하려고 책상에 앉아 있는 순간에도 누군가는 각자의 의견과 일상을 공유하고, 공유된 정보는 공유받은 자에게 '좋아요'라는 격려를 간청한다. 책상에 앉은 학생의 집중력이 토막 나는 것은 당연한 결과다. 알림을 확인하고 다시 책에 집중하기 위해 필요한 시간보다 스마트폰이 울리는 간격이 더 짧다.

스마트폰에 대한 집착은 유행에 뒤쳐지지 않을까 하는 공포로 이어진다. 약정 기간이 끝나기 전에 신형 스마트폰이 나오고, 최신 스마트폰을 가진 친구들이 선망의 대상이 된다. 독서를 통한 감수성의 계발이 꼭 필요한 청소년기지만, 스마트폰에 익숙해진 학생들에게 문자 매체는 재미없고 따분하기만 하다. 유튜브에는 기괴하고 자극적인 영상들이 넘쳐 나고 실시간으로 올라오는 검색어들은 세상에 대한 단편적인 호기심을 충족시킨다.

현실에서는 소심한 학생들도 온라인 세상 속에서는 과격하고 난폭한 언어로 가상의 자아를 만들어 낸다. 자아 정체성이 형성되어야 하는 이 시기에 극심한 혼란이 야기되는 것이다. 간편하게 생성되는 스마트폰 대화방을 통해, 정성과 시간을 투자해야 쌓을 수 있었던 친구 사이의 우정도 예전보다 손쉽게 만들 수 있지만, 가상의 공간 속에서 횡행하는 소외와 따돌림은 오프라인에서보다 더 폭력적이고 가혹하게 번져 간다. 왕따를 견디지 못해 전학을 가야 했던 중1 여학생은, 전학 간 학교에 이미 자신에 대한 악소문이 퍼져 있는 것을 확인하고 깊은 절망을 맛보아야 했다.

편리한 만큼 위험하기도 한 스마트폰에 대한 중독을 피하기 위해서는 공부 시간과 스마트폰 이용에 관련된 자기만의 규칙을 마련해야 한다. 스스로 절제하기 어려운 청소년기 학생들이기에 부모님이나 선생님에게 규칙을 공유하는 것은 필수다.

스마트폰 이용의 규칙

❶ 공부할 때는 스마트폰 알림 소리가 들리지 않는 곳에 스마트폰을 보관한다.

❷ 가급적 용무가 있을 때만 스마트폰을 사용한다.

❸ 숙면을 방해하므로, 잠자기 직전에는 스마트폰을 사용하지 않는다.

❹ 과다한 SNS 활동을 자제한다.

❺ 월 데이터 이용에 제약을 두어 스마트폰에 중독될 위험을 차단할 장치를 마련한다.

❻ 극단적으로 중독이 심하다면, 과감하게 스마트폰을 해지한다.

04 빠르게 스트레스에서 벗어나는 나만의 방법을 찾아라

똑같이 시험을 준비하고도, 시험만 보면 긴장감으로 시험을 망치는 학생이 있다. 다른 학생보다 시험이라는 위기 상황에 대한 스트레스가 높은 학생들이다. 스트레스란 곤란, 역경, 고통, 긴장 등 외부에서 주어지는 자극에 대하여 본인 스스로 느끼는 심적 압박을 의미한다. 주로 자신이 잘할 수 없다고 생각하는 일과 직면할 때 사람들은 스트레스를 받는다. 그러나 실제로 스트레스는 잘할 수 없다는 객관적 능력의 부족보다, 그 일과 만났을 때 발생하는 불안감과 그 불안감에 대한 거부감이 뭉쳐 더 무겁게 만들어지는 것이 일반적이다.

스트레스를 받기 시작하면 초기 단계에서는 가슴이 뛰고 호흡이 가빠지는 신체적 반응으로 시작하지만, 더 발전하면 피곤과 짜증과 분노의 감정을 느끼는 심리적 고통에 시달리게 된다. 이러한 스트레스가 장기간 지속되면 에너지가 고갈되고, 심각할 경우 여러 가지 신체적, 정신적 질병이 발생하기도 한다.

공부라는 과업과 결별할 수 없는 학생들에게 공부에 대한 스트레스는 어떤 방식으로든 해소 방안이 마련되어야 한다. 청소년 우울증의 원인으로는 '공부 스트레스'가 1위를 차지한다. 스트레스를 극복하기 위해서는 우선 자신이 어떤 문제에 가장 심각한 압박을 느끼는지를 객관적으로 인식해야 한다.

내가 주로 어떤 문제 때문에 스트레스를 받는지를 깨닫게 되었다면 각 원인에 맞는 스트레스 대처 방안을 찾아야 한다. 상황 자체를 바꿀 수 없는 것이라면, 상황에 대한 나의 해석을 바꾸는 것이 스트레스를 이겨 내는 가장 대표적인 방법이다. 같은 조건에서도 누군가는 화를 내고 누군가는 별일 아닌 듯 넘겨 버리는 것처럼 스트레스 상황은 '절대적'인 것이라기보다는 그것을 해석하는 나의 '선택'에 달린 문제가 많기 때문이다. 예를 들어 시험에 대한 스트레스가 아무리 높다고 해도 시험 자체를 없애 버릴 수는 없다. 그럴 때는 스트레스의 요인과 조금 더 친숙해지기 위해 노력하는 것이 필요하다.

시험 스트레스와 친해지기

❶ 시험 스트레스가 많다면 수시로 모의시험을 치르면서 그 상황에 익숙해진다.
❷ 적당한 스트레스는 오히려 나의 발전에 도움이 된다는 것을 이해한다.
❸ 정기적인 운동을 통해 긴장을 이완시키고 활력을 키운다.
❹ 기분 전환을 할 수 있는 여러 가지 활동들에 참여한다.
❺ 친구들과 자주 대화를 나눈다.
❻ 내 자신을 북돋우는 말을 매일 아침 스스로에게 한다.
❻ 필요하다면 언제든지 부모님, 선생님, 전문가의 도움을 받는다

나의 스트레스 지수 평가하기

부모님과의 관계로 인한 스트레스 정도			
내용	전혀 아니다	약간 그렇다	매우 그렇다
부모님이 늘 공부하라고 해서 짜증이 난다.	1	2	3
부모님이 나의 일에 지나치게 간섭해서 짜증이 난다.	1	2	3
부모님이 시키는 일이 너무 많아서 피곤하다.	1	2	3
부모님이 내게 거는 기대와 요구가 지나치게 높아 부담스럽다.	1	2	3
부모님이 내 성적에 너무 신경을 써서 부담스럽다.	1	2	3
TOTAL			점

가정환경으로 인한 스트레스 정도			
내용	전혀 아니다	약간 그렇다	매우 그렇다
우리 가족은 별로 화목하지 않아 속상하다.	1	2	3
우리 집이 잘살지 못해서 서글프다.	1	2	3
우리 집 분위기가 마음에 들지 않는다.	1	2	3
부모님께서 자주 싸워서 힘들다.	1	2	3
가족들이 내게 관심을 보이지 않아서 불만이다.	1	2	3
TOTAL			점

친구 관계로 인한 스트레스 정도			
내용	전혀 아니다	약간 그렇다	매우 그렇다
마음에 맞는 친구가 없어서 우울하다.	1	2	3
친구들이 나를 따돌리는 것 같아서 속상하다.	1	2	3
친구들이 나를 무시하는 것 같아서 언짢다.	1	2	3
친구들과 마음껏 어울리지 못해서 불만족스럽다.	1	2	3
친구 문제에 대한 고민으로 공부에 방해를 받은 적이 있다.	1	2	3
TOTAL			점

학업으로 인한 스트레스 정도			
내용	전혀 아니다	약간 그렇다	매우 그렇다
성적 때문에 신경이 많이 쓰인다.	1 ·	2 ·	3
시험 때마다 불안하고 긴장된다.	1 ·	2 ·	3
학원이나 과외가 많아서 힘들다.	1 ·	2 ·	3
앞으로 해야 할 공부를 생각하면 걱정이 앞선다.	1 ·	2 ·	3
노력해도 성적이 오르지 않아서 고민이 크다.	1 ·	2 ·	3
TOTAL			점

학교생활 및 선생님에게 받는 스트레스 정도			
내용	전혀 아니다	약간 그렇다	매우 그렇다
학교 숙제가 많아 부담스럽다.	1 ·	2 ·	3
선생님들이 몇몇 학생들만을 편애하는 것 같아 불만족스럽다.	1 ·	2 ·	3
학교 생활에 적응하기가 힘들다.	1 ·	2 ·	3
교실, 화장실 등 학교 시설을 이용하는 것이 불편하다.	1 ·	2 ·	3
몇몇 선생님들의 수업 방식이 마음에 들지 않는다.	1 ·	2 ·	3
TOTAL			점

나의 스트레스 지수는?	( )점

5장

기적의 학습 매니지먼트

학생에게도
매니저가 필요하다

66

스스로 공부할 수 있는 힘을 기르는 것은 결코 쉬운 일이 아니다.
공부는 복합적인 활동이기 때문이다.
목표 설정, 공부 습관 기르기, 내게 맞는 공부법 알기,
과목별 학습 전략 등 목표를 이루기까지는 많은 단계와 노력이 필요하다.
올바른 학습 매니지먼트는 학생이 스스로 학습할 수 있는
방법과 자세, 마음가짐을 알려준다.
공부 효과가 단숨에 나타나지는 않더라도 장기간에 걸쳐 조금씩 성장한다.
한 번 익히면 아이들은 무엇이든 자기주도적으로 학습할 수 있는 건강함과
목표를 이룰 수 있도록 관리하는 자신감을 얻을 수 있다.
학습 매니저와 함께 스스로 공부하는 힘을 키워 가는
아이들의 이야기를 살펴보자.

99

공부 동반자, 학습 매니저

대한민국에 학습 매니저라는 낯선 직업이 등장한 지 13년이 지났다. 2004년 에듀플렉스의 탄생과 함께 대두된 '학생도 매니저가 필요하다'는 주장에, 사람들은 고개를 갸우뚱거렸다. 연예인도 아니고, 운동선수도 아니고, 평범한 학생들이 그리 유별나게 매니저까지 두고 공부를 한다는 말인가? 남들 다하는 공부가 뭐 그리 대단한 일이라고 공부밖에 하는 일 없는 학생에게 매니저가 필요한가?

그러나 누구나 겪는 일이라고 해서 공부가 쉬운 일은 아니다. 아니 어쩌면 모든 학생들은 각자의 방식대로 공부와의 전쟁을 치르며 고군분투하고 있는지도 모른다. 남들보다 조금 평탄하고 무난하게 공부의 산을 넘어간 사람도 있지만, 또 누군가는 그 힘겨운 싸움에서 처절한 상처를 입고 만신창이가 되기도 한다. 주변의 모든 친구들과 함께 걷는 길이라 덜 외로울 것도 같지만, 결국 공부는 저 혼자하는 일이라는 점에서 본질적으로 이 길은 고독하다.

청소년기는 어린 아이에서 어른으로 변모하는 과도기이다. 대략 6~7년이라는 짧은 시간 동안 육체와 영혼에 급격한 변화가 일어난다. 변화의 속도가 너무 빨라서 자신의 몸과 마음에 스스로조차 적응하기 힘들어 한다. 동시에 학생들은 이 시기에 중학교, 고등학교 과정을 거치며 인생에서 가장 많은 공부를 해야 한다. 제대로 하자면 한 가지만으로도 버거운 '성장'과 '학습'이라는 두 가지 과업을 어깨에 짊어지고 한 발자국씩 허덕이며 전진하는 것이다. 나는 과연 어떤 사람인가를 묻고 또 물으며 자아를 세우고, 정립된 자아상에 걸맞은 미래의 진로도 탐색해야 한다. 더불어 그 모든 삶의 비전은 공부를 빼놓고는 공허한 것이라는 냉정한 현실을 수긍하며, 공부에도 목숨을 걸어야 한다. 이렇게 많은 숙제를 앞에 두고, 미성숙한 학생들이 차분히 방법을 궁리하며 스스로 마음을 다독이는 것이 과연 가능한 일일까?

불가능할 것이다. 그래서 청소년기는 질풍노도의 시기라고도 한다. 머릿속에 미친 바람이 불고, 가슴에 성난 파도가 넘실거린다. 눈앞이 캄캄하고, 시도 때도 없이 절망과 불안이 영혼을 잠식한다. 누군가는 심한 방황과 반항으로 그 불안감을 표출하기도 하지만, 더 많은 학생들은 자기만의 방식대로 숨죽인 채 그 시기를 견뎌 낸다. 매니저가 절실하게 필요하다.

매니저는 학생에게 이 힘든 공부를 도대체 왜 해야 하는지에 대한 질문부터 던진다. 공부의 목적과 의미를 생각해 보는 시간을 통해, 학생들은 자신이 겪고 있는 일상의 힘겨움이 결국 무엇을 위한 것인지를 생각하는 기회를 갖는다. 학습 동기를 정립하는 과정이다. 공부의 필요성에 대한 자각과 동시에 학생들은 구체적으로 공부를 어떻게 해야 하는지에 대한 방법도 익힌다. 과목별로 공부 요령도 다르고, 학생별로 취약한 학습적 허점도 제각각이다. 매니저는 학생의 개별적 성향과 상태를 관찰하며 학생에게 가장 적합한 도구와 방법을 제안한다. 공부는 물론 학생 스스로 해야 하는 것이지만, 적합한 방법과 도구가 주어졌을 때 막막했던 공부가 조금은 만만해진다.

전국의 모든 학생들이 에듀플렉스의 매니저를 만나는 것은 당연하게도 불가능한 일이다. 에듀플렉스 매니저는 이 아슬아슬한 시기에 학생 곁에 있어 줄 수 있는 수많은 멘토 중의 한 명에 불과하다. 학교 선생님도, 친척 언니 오빠도, 교회 선배도 멘토가 되어 줄 수 있다. 학생의 마음에 깊이 공감하며, 애정 어린 조언을 건넬 수 있는 사람이라면 그가 누구든 이미 훌륭한 매니저다. 이 고독한 싸움에 손을 잡아 줄 수 있는 단 한 명의 매니저가 존재함으로 인해 학생의 인생 전체가 달라질지도 모를 일이다. 청소년기는 한 사람의 삶 전체를 지배할 정도로 중요한 시기기 때문이다. 그런 의미에서 학생에게도 매니저가 필요하다. 아니 학생에게는 반드시 매니저가 필요하다.

공부 스토리

이름	김현진	성별	남	학년	고1

장래희망	스마트폰 관련 일

성적	국어4, 수학5, 영어2등급	주력과목	영어	취약과목	수학

공부공식	최고	암기법		최저	양적/질적 학습 시간

학습 특징	기분이 내키는 날의 공부 성취도는 매우 높지만, 그런 날은 아주 드물다. 전체적으로 공부에 대한 관심이 낮고, 오로지 게임만 하는 데 빠져 있었다.
성격 특징	좋아하는 것에는 미쳐 있지만, 하기 싫은 일은 어떤 설득에도 움직이지 않았다. 밝고 긍정적인 성격으로 친구들 사이에서 인기가 많다.
부모님과의 관계	부모님은 학생의 의견을 존중하고 지지해 주는 편이다. 현진이가 공부에 기본적인 노력조차 하지 않았다는 것을 최근에 알게 되어 크게 실망하셨다. 그동안 현진이의 공부에 별 관심이 없던 부모님이 현진이가 고등학생이 된 후, 공부에 개입하게 되자 부모님과 현진이 사이에 갈등이 싹트게 되었다.
부모님의 학생에 대한 요구사항	성적이 오르는 것은 나중 문제고, 우선은 현진이가 공부를 해야 하는 이유를 찾고 조금씩이라도 노력하는 모습을 보여주기를 바라셨다.

"공부해야 하는 이유가 42가지나 생겼어요"

현진이의 가출

"갑자기 부모님이 변했어요. 집에 가면 숙제했냐 안 했냐 따지고, 게임 좀 그만하라고 하세요. 원래 내 공부에 관심도 없었는데! 그런 말을 들으면 공부가 더 하기 싫어져요."

내(매니저)가 현진이를 처음 만난 날, 현진이는 부모님에 대한 불만부터 쏟아 냈다. 온 얼굴에는 공부하기 싫다는 기색이 분명했다. 관심 있는 것에 대해서는 주변으로부터 '미쳤다'는 소리를 들을 정도로 몰입하지만, 자기가 하기 싫은 것에 대해서는 온몸으로 거부하는 현진이었다.

현진이가 가장 좋아하는 것은 단연 게임이었다. 게임에 대해서만큼은 같은 학교 친구들은 물론, 인근 지역의 학생들 사이에도 유명했다. 새로운 레벨에 도전할 때면 현진이는 학교도 결석하고 며칠

동안 PC방에서 살았다. 친구들은 현진이를 중심으로 뭉쳤고, 친구들 사이에서 현진이는 대장이자 리더였다.

원래 현진이의 부모님은 현진이에 대해 관용적이었고, 현진이가 스스로 깨우칠 때까지 기다리자는 마음을 지니고 있었다. 현진이를 대하는 부모님의 생각이 바뀐 것은 현진이가 고등학생이 되면서부터였다. 처음 본 중간고사에서 현진이는 상상도 못할 정도의 처참한 성적을 받았기 때문이다. 하지만 걱정을 하기는커녕 여전히 게임 생각만 하는 현진이를 보면서 부모님은 많이 실망했다. 부모님이 이런 걱정을 현진이에게 이야기해도, 현진이는 부모님이 귀찮게 참견한다며 싫어했다.

결국 부모님의 꾸중에 현진이는 가출을 했다. 다행스럽게도 현진이는 3일만에 집으로 돌아왔지만 부모님과 현진이 사이의 갈등의 골은 더욱 깊어졌다.

공부를 꼭 해야 하나요?

그러다 현진이와 나의 만남은 시작되었다.

"매니저님, 공부를 꼭 해야 하나요? 공부를 잘해서 좋은 대학에 간다고 행복한 건 아니잖아요."

내가 보기에 현진이는 공부를 왜 하는지에 대한 생각의 정립이 먼저 필요했다. 스스로 공부를 해야 하는 이유도 모른 채 공부하는 학생들이 많다. 이런 학생들은 정작 선망하는 대학교와 학과에 진학하더라도 자기의 적성과 맞지 않아 뒤늦게 방황한다. 또 자기만의 이유 없이 공부하면 학습 결과 자체가 좋지 않다. 학습 부진이 계속되면 학생은 자신의 학습 능력 자체를 폄하하면서 공부하는 것을 멀리한다. 그러하기에 현진이도 스스로가 공부를 하는 이유를 찾는 것이 제일 중요했다.

"현진아! 공부가 재미없지? 공부보다 재미있는 게 너무 많지? 그래도 나를 만나러 온 걸 보면 현진이도 공부를 조금 더 열심히 해서 좋은 성적을 받고 싶은 마음이 있는 것 같은데?"

"공부가 재미없고 엄청 하기 싫지만, 그래도 하긴 해야 될 것 같아요."

"좋아! 그러면 된 거야. 잘은 모르지만 마음속에서 공부에 대한 생각이 싹텄다면 절반은 된 거야. 현진아 그러면 시간이 날 때마다 공부를 해야 하는 이유를 써 보자. 누군가에게 보여 주기 위한 것이 아니야. 현진이가 생각하는 이유를 쓰면 되는 거야. 예를 들어 좋아하는 여학생이 너무 공부를 잘해서 창피를 당하지 않기 위해서라는 이유도 좋아. 순간순간 떠오르는 이유를 써 봐."

공부를 해야 하는 42가지 이유

현진이는 2개월 동안 공부를 해야 하는 이유를 무려 42가지나 적을 수 있었다. 처음에는 '친구들에게 자랑하기 위해서', '신형 플레이스테이션을 사기 위해서'와 같은 단순한 이유였다. 하지만 시간이 갈수록 '인정받는 게임 개발자가 되기 위해서', '학벌로 차별받지 않고 능력을 인정받기 위해서'와 같이 장래희망과 관련된 이유가 생겨났다.

물론 공부를 해야 하는 이유를 찾아 가는 과정이 쉽지는 않았다. 현진이는 이런 식의 고민을 해 본 적이 없었기에 도저히 쓸 말이 없다며 게임을 하러 가기도 했다. 하지만 현진이의 이런 모습에도 나는 조바심을 내지 않았다. 처음부터 마음을 열고 성큼성큼 성장하는 학생은 드물기 때문이었다. 특히 고등학생은 기다리는 마음으로 살펴보는게 필요했다.

가고 싶은 대학과 학과가 생겼어요

나름대로 공부 이유를 찾은 현진이의 학습 태도는 몰라볼 정도로 달라졌다. 매일 스스로 학교 수업을 복습하고 나머지 시간에는 영어와 수학의 부족한 부분을 공부했다. 집에서도 새벽 1시까지 학습 계획표를 작성하고 매일매일을 꾸준히 공부했다.

현진이의 변화된 모습으로 인해 부모님과의 갈등도 눈에 띄게 줄었다. 부모님은 조금씩 현진이를 신뢰하기 시작했다. 현진이도 그런 신뢰를 느껴서인지 더욱 열심히 해 주었다.

"꼭 가고 싶은 대학, 공부하고 싶은 전공이 생겼어요. 이유 없이 공부할 때는 지겹기만 했는데 공부 목표를 찾고 나니 꼭 목표를 이루고 싶어요. 매니저님, 수능까지 1년 반 정도 남았는데 제가 과연 목표한 학교와 학과에 합격할 수 있을까요?"

객관적으로 보면 현진이가 목표로 생각했던 대학은 당시 현진이의 성적으로는 불가능했다.

"현진아, 이 대학과 전공은 아직은 너에게 높은 목표이긴 해. 그런데 현진이가 처음 상담 왔을 때를 생각해 보자. 책상에 1시간도 앉아 있기가 힘들었잖아. 혼나기 싫어서 딱 혼나지 않을 정도로만 공부하던 현진이의 모습을 떠올려 봐. 그런데 지금의 현진이는 어때? 목표가 간절한 만큼 더 절실히 노력한다면 꼭 네가 원하는 대학에 합격할 수 있어."

상담 후 현진이가 제일 먼저 한 것은 목표 선언이었다. 부모님, 학교 선생님, 친한 친구들에게 "나는 어느 대학, 어느 학과에 갈 것이다"라고 선언했다.

현진이는 보기에도 빡빡한 일정을 계획하고 하루하루 매시간마다 목표 달성 여부를 확인했다. 토요일에는 한 주간의 학습 내용을 점검했고 일요일에는 응용 문제를 풀이했다.

수능이 가까워 오면서 국어 수능 모의고사 문제는 학교에서 쉬는 시간을 활용해 풀고, 종례시간에는 오답을 정리했다. 영어는 아침 자습 시간에 듣기평가를 하고, 점심 시간에는 독해 문제를 풀어 학교에서 정해진 분량을 모조리 공부했다.

학교가 마치고 에듀플렉스에서 자기주도학습을 하는 시간에는 학교 수업을 간단히 복습한 뒤, 점수 변화가 가장 적어 고민하고 있던 수학에 매진했다. 그리고 바쁜 공부 일정 중에도 현진이는 잠자기 전 5분 동안 꼭 그날을 정리하는 시간을 가졌다. 오늘 하루를 돌아보면서 성공한 것, 실패한 것, 내일 도전할 것들을 정리한 뒤 잠자리에 들었다.

그 시기, 현진이는 공부에 미쳐 있었다. 무엇이 현진이를 그렇게 변화시켰던 것일까? 아마도 자기 스스로 공부를 해야 하는 이유를 찾았기 때문이었을 것이다. 강한 의지가 과정의 어려움을 극복하는 힘을 주었을 것이다. 현진이는 2년 동안 게임 근처에도 가지 않고 그 많은 학습 계획들을 매일매일 완수해 나갈 수 있었다.

현진이의 합격

수학능력시험 당일이 되었다. 걱정이 많던 나와 달리 현진이는 오히려 차분했다. 오히려 의젓한 모습으로 나를 진정시켜 주었다.

"매니저님 말씀대로 그동안 공부한 노력이 어디로 사라지는 게 아니잖아요. 걱정 마세요. 딱 공부한 만큼만 시험 보고 올게요."

현진이의 수학능력시험 결과는 국어 1등급, 수학 2등급, 영어 1등급, 탐구 합산 1등급이었다. 간발의 차이로 1등급을 놓친 수학에 아쉬움이 남았지만 엄청난 결과고 발전이었다.

현진이는 안타깝게도 목표로 삼았던 대학에는 합격하지 못했지만 그 대신 모두가 부러워하는 성균관대학교의 원하는 학과에 당당히 합격했다.

녀석의 최종 합격 소식은 구정 연휴가 시작되기 며칠 전에 들려왔다. 누구보다도 남자다움을 강조하던 녀석이 수화기 너머로 흐느끼며 우는 목소리로 나를 찾았다. '합격'이라는 말을 듣지 않아도 결과를 예측할 수 있었다.

"저 합격했어요, 합격했어요, 매니저님! 지난 시간 동안 저 같은

놈을 이끌어 주셔서 정말 감사합니다."

현진이의 뜨거운 목소리가 내게도 고스란히 전해졌다. 현진이와 감격스러운 통화를 끝낸 뒤, 현진이와 함께 보냈던 시간이 떠올랐다. 내가 현진이를 끌어 준 것만은 아니었다. 현진이가 공부하는 과정을 지켜보고 응원하고 도와주면서 나도 현진이만큼 성장하고 발전했다.

공부 스토리

이름	서지예	성별	여	학년	고2

장래희망	직업 군인 ➡ 경영 전문가(CEO)				

성적	6등급 후반 ➡ 3등급 후반	주력과목	국영수	취약과목	국영수

공부공식	최고	문장이해력	최저	계획수립, 사고력

학습 특징	공부에 별 관심이 없었고 의지도 없었다. 국어, 영어, 수학 등 주요 과목 성취도가 낮아 계획을 수립하고 자가 학습 시간을 늘리는 것이 관건이었다.
성격 특징	활발하고 매사에 적극적인 성격으로 리더십도 강하고 친구들에게 인기가 많았다. 지예의 이런 외향적인 성격은 학습에 어려움이 있을 때 이겨내는 힘이 되기도 했다.
부모님과의 관계	지예는 부모님과 말이 통하지 않는다고 생각하며 부모님을 멀리하려고 했다. 하지만 상담을 통해 마음의 문을 열면서 부모님과의 관계도 가까워지고 있었다.
부모님의 학생에 대한 요구사항	지예가 육군사관학교에 입학하기를 바라셨으나, 지예의 꿈을 존중해 경기권 4년제 경영학과에 들어가기를 원하셨다. 부모님의 말보다는 매니저님의 지도를 더 잘 따른다며 믿고 맡기신다고 하셨다.

고2 지예 이야기

"멋진 어른이
될게요"

철없는 지예

지예는 첫 만남부터 심상치 않은 기운이 감도는 학생이었다. 어른스러운 말투로 상담실에 들어와 살가운 인사를 건네면서도 표정은 밝지 않았다. 부모님과 함께 왔으나 혼자서 상담을 받고 싶어 했다. 나는 대화를 시작한 지 5분도 채 지나지 않아 그 이유를 알게 되었다.

"부모님과는 별로 말하고 싶지 않아요. 엄마와 대화하다 보면 목소리가 점점 높아지다가 결국 다투게 되거든요. 아빠는…, 말할 것도 없어요. 더 심해요. 얼마나 앞뒤가 꽉 막혀 있으신지 숨이 다 막힌다니까요."

지예는 지금 자기 성적에 육군사관학교가 말이 되냐며 고개를 절레절레 흔들었다. 부모님은 항상 지예에게 이왕이면 좋은 대학에 가야 한다고 말씀하셨다. 지예는 부모님의 그런 말씀이 자신을 위한 것이 아니라 부모님의 체면 때문이라고 믿었다.

지예에게 진로 희망을 묻자 아무래도 단호하게 공부 쪽은 아닌 것 같다며 못을 박았다. 그래도 성격이 활동적인 편이니까 직업 군인이 그나마 괜찮을 것 같다고 했다. 군인이 되기 위해서 꼭 공부를 잘해야 하는 것도 아니고 반드시 대학에 가야 하는 것은 아니기 때문에 자기 인생에 공부는 더 이상 필요 없다고도 말했다.

하지만 부모님의 생각은 달랐다. 부모님은 한숨 섞인 목소리로 말씀하셨다.

"지예가 고1 때 공부하는 것을 너무 싫어하니 한 과목이라도 100점을 받아 오면 용돈을 두둑하게 주마, 하고 거래를 했어요. 그래서 겨우 받아 낸 것이 한문 성적 100점이에요. 지예는 그 시험지를 내밀며 빨리 용돈을 달라고 떼를 쓰더라고요. 명색이 고등학생인데 이렇게까지 해야 하는 상황이 어이가 없어서 헛웃음이 났다니까요."

부모님은 고2가 된 지금도 여전히 어린애 같은 지예를 걱정하셨다.

제가 뭘 잘할 수 있을까요?

지예와 진로에 대해 진지한 대화를 나눴다.

"지예야, 남은 80년 인생 동안 네가 해야 할 직업을 선택하는 일이야. 단순히 '공부에는 흥미가 없고 몸을 움직이는 것이 그나마 나아서' 군인을 선택하겠다는 게 올바른 생각일까?"

지예는 한참을 고민하더니 대답했다.

"…제게 어떤 장점이 있는지, 앞으로 무엇을 잘 해낼 수 있을지 저도 잘 모르겠어요."

하지만 내가 지켜본 지예는 탁월한 장점이 많았다. 제일 먼저 지예는 활발한 성격이라 매사에 적극적이고 친구가 많았다. 중학생 때부터 반장을 맡을 만큼 리더십도 강했다. 말도 조리 있게 잘해 지예의 말은 귀에 쏙쏙 들어왔다. 지예에게 장점을 조목조목 말해 주니 지예는 부끄러워하면서도 내심 기분이 좋은 듯 밝은 표정을 지었다.

일단은 지예가 직업 군인이라는 장래 희망을 꿈꾸고 있으므로 그 일에 대한 정보를 구체적으로 찾아보았다. 진로 안내 책자와 인터넷, 인터뷰 영상 등 다양한 자료들을 통해 지예는 군인으로 사는 것이 생각보다 엄격하고 힘들다는 것을 알게 되었다. 결국 지예는 자유분방한 자신의 성격과 직업 군인은 전혀 맞지 않을 것 같다는 결론을 내렸다.

"매니저님이 들려주신 제 장점들을 살릴 수 있는 진로로 한번 정해 볼게요."

며칠 뒤 지예는 결의에 찬 표정으로 상담실에 들어와서는 대뜸 '경영 전문가'가 되고 싶다고 말했다. 대학에서 경영학을 공부하고 졸업한 뒤 최대한 다양한 경험을 쌓은 후 회사를 설립해 CEO로서 의미 있는 삶을 살고 싶다고 했다. 회사는 반드시 투명하고 반듯한 경영 윤리를 바탕으로 운영하겠다는 당찬 포부도 들려주었다. 교육 사업을 활발히 해서 가정이 어려운 학생들이 꿈을 찾을 수 있도록 도와줄 것이라고 말하는 지예의 눈빛은 생기로 가득 차 있었다.

진짜 싸움은 지금부터였다. 지예는 기타 과목보다 주요 과목 성적이 현저히 낮았다. 특히 국어, 영어, 수학은 6~7등급으로 매우 취약한 상태였고, 중학생 때부터 공부를 하지 않아 학습 기반이 잡혀 있지 않았다. 당장 얼마 남지 않은 1학기 기말고사를 잘 치르기 위해 특단의 조치가 필요했다.

지예가 내린 결론은 '시험 범위에 해당되는 모든 수업 필기를 완벽하게 외우는 것'이었다. 과목별 선생님께서 말씀해 주시는 모든 내용을 빠짐 없이 다 적고 따로 정리한 뒤 무조건 다 외워 버릴 태세였다. 당장 수업 때 졸지 않는 것부터가 걱정이라고 하면서도 "무엇이든 마음먹기에 달려 있지 않나요, 안 되는 건 없어요"라며 파이팅을 외치는 모습이 매우 대견했다. 나는 매니저로서 지예가 헛되이 학습 시간을 보내지 않도록 과목별로 노트 필기 하는 법을 알려 주었고 지예에게 잘 맞는 암기법을 함께 찾아 주었다.

하지만 며칠이 지나자 그렇게 호언장담했던 지예의 모습은 온데간데 없이 사라졌다. 학교에서 해 온 빽빽한 필기를 자랑스레 보여 준 지 10분도 채 지나지 않아 자리에서 졸았다. 집중이 안 된다면서 틈만 나면 밖으로 나갔다. 일주일 내내 방황하던 지예는 시험이 앞으로 다가오자 나에게 도움을 요청했다.

제일 먼저 지예의 흔들리는 마음을 꽉 잡아 줄 구체적인 목표가 필요했다. 단순히 점수 많이 올리기가 아니라 과목별 등급 목표를 정했다. 지예는 가장 등급이 낮은 국영수를 각각 2등급씩 올리겠다는 목표를 세웠다. 시험까지 남은 3주 동안 매일 학습한 결과물을 확인받고 부족한 부분은 완성될 때까지 다시 공부했다. 금세 해이해지는 성격과 나쁜 학습 습관을 바로잡으려고 스스로에게 메모를 쓰는 지예의 모습이 예쁘고 대견했다.

시험 직전, 뚜껑을 열어 그동안 지예가 공부한 내용을 확인해 보니 학습 완성도는 기대 이상이었다. 영어 교과서 지문을 거의 다 외워서 빈칸 테스트와 변형 문제를 무리 없이 풀어냈다. 수학 교과서는 다섯 번 이상 반복해 주요 문항의 풀이 과정을 익혔고, 문학 작품들 역시 셀 수 없이 보고 이해해 친구들에게 자세한 설명을 들려줄 수 있을 만한 실력을 쌓았다.

드디어 기말고사, 지예의 노력은 헛되지 않았다. 기말고사가 끝나고 시험지를 채점한 결과, 꽤 어렵게 출제되었던 국어는 10점가량 올랐고 영어와 수학은 각각 30점가량이나 상승했다. 중간고사 때 6~7등급에 머물렀던 국영수 성적이 4~5등급으로 도약했다.

고등학교 2, 3학년 때 내신 성적을 대폭 올리기란 하늘의 별을 따는 것만큼 쉽지 않다. 그런데 그 어려운 일을 지예는 끝끝내 해낸 것이었다.

멋진 어른이 될게요

이를 시작으로 시험 때마다 점수가 올랐음에도 불구하고 지예의 고등학교 2학년 최종 성적은 문과 5등급. 자랑스럽게 내놓기에는 부족한 결과였다.

부모님께서는 지예가 경기권에 있는 4년제 대학에 진학하기를 바라셨다. 적어도 경영학과라면 들어 봤음직한 대학을 나와야 하지 않겠느냐는 부모님의 말씀이 지예에게는 크나큰 부담이었다. 문과 5등급 대의 성적으로 인지도 있는 대학의 4년제 경영학과를 노리기란 역부족이었다. 지예는 이런 현실 앞에 3학년 여름 방학 내내 힘들어했다.

"지예야, 찾다 보면 길이 보이지 않을까? 너무 걱정하지 마. 멋진 지예를 알아봐 줄 대학교는 분명히 있을 테니까."

기나긴 진로 상담 끝에 수시 6지망 원서 접수를 모두 학생부종합전형으로 배치했다. 지예는 고1, 2학년 동안 2년간 반장을 하면서 신뢰할 수 있는 리더십을 발휘했다. 1학년 때, 담임 선생님이 한 달간 출근을 못하게 되셨을 때, 담임 선생님인 반장인 지예에게 학급 관리를 부탁하실 만큼 믿음직한 학생이었다. 또 정이 매우 많아 주변 친구들을 살뜰히 도와주는 태도를 보여 선생님들 사이에서 평판이 좋았다. 교내에서뿐만 아니라 외부 봉사 기관에도 주기적으로 방문해 봉사활동을 많이 해 왔다. 그래서 지예가 따뜻한 인성을 가진 학생임은 누구나 장담했다.

지예는 자기소개서에 스스로 공부해서 성적을 크게 올린 경험과 누군가에게 도움이 되고자 노력했던 사례를 아주 솔직하게 적었다. 마지막에는 경영학도를 꿈꾸게 된 계기와 앞으로 어떠한 인생을 살고 싶은지에 대한 포부를 담았다.

수시 전형 6지망을 전체적으로 높게 잡다 보니 지예는 불합격에 대한 두려움이 컸다. 그래서 부모님을 설득해 경기권에서 충남권까지 지망 대학 분포를 넓혀 원서 접수를 마쳤다. 혹 1차 서류 심사를 통과하더라도 심층 면접이라는 크나큰 산이 남아있었지만 워낙에 지예는 언변이 능숙했기에 면접에 대해서는 강한 자신감을 보였다.

우려했던 것과는 달리 1차 통과 대학이 세 군데나 되었다. 그러나 지예는 첫 번째 면접을 다녀오고 나서 오히려 걱정이 늘었다. 날카로운 교수님들의 눈빛이 '너는 왜 이렇게 공부를 하지 않았니?'라고 비난하시는 것 같아, 우물쭈물거리며 답변을 제대로 못했다고 했다. 하지만 이내 지금 할 수 있는 것은 면접에서 자신의 솔직한 모습을 최선을 다해 보여 주는 것이라는 점을 깨닫고 세 번째 면접에 임했다. 면접 후 지예는 만족스러운 미소를 보였다.

결국, 지예는 세 번째로 면접을 보러 갔던 경기권 4년제 대학의 경영학과에 당당히 합격했다. 그 대학은 수시 6지망 대학 중 가장 상향 지원한 곳이었다. 합격 소식을 접한 지예는 내게 곧장 달려와 나를 얼싸안고 기쁨의 환호성을 질렀다.

얼마 뒤 지예는 대학 입학식을 앞두고 나를 찾아왔다. 그리고 꼭 멋진 어른으로 성장해서 앞으로도 좋은 모습을 보여 주겠노라고 약속했다. 본인의 이름을 딴 교육 재단을 만들고 대학교를 설립하면 총장 자리에 나를 초빙하겠다는 너스레를 떨면서 말이다.

공부 스토리

이름	이상진	성별	남	학년	중3

장래희망	자동차 엔지니어

성적	중하 ➡ 최상	주력과목	사회, 역사	취약과목	수학, 영어

공부공식	최고	학습 준비, 자가진단	최저	질적 학습 시간, 집요함

학습 특징	단기간 목표를 가지고 학습하는 것은 가능했으나 장기간 꾸준히 학습하는 것이 힘든 학생. 국어/사회/역사 등은 쉽게 학습하고 성취도가 높은 편이나, 수학/영어 등 기반 학습을 쌓는 데 시간이 걸리는 과목은 성취도가 낮았다.
성격 특징	시험 때마다 과민성 대장증후군을 앓는 등 시험 불안도가 높았다. 어릴 때부터 자동차를 정말 좋아했으며 자동차 엔지니어가 되겠다는 목표가 매우 뚜렷했다. 부모님께서도 자동차 모형을 사주는 것으로 동기 부여했고, 이것은 상진이에게 단기 목표로 작용해 성적을 끌어올리는 요인이 되기도 했다.
부모님과의 관계	부모님은 맞벌이하심. 아버지는 독립적으로 키우는 편이고, 어머니는 상진이와 대화를 통해 문제를 해결하려 노력하셨다. 집안환경 자체가 무조건 '공부'만을 강요하는 분위기는 아니었으며, 어머니는 상진이의 학습 상태와 성향을 잘 파악하고 있었다.
부모님의 학생에 대한 요구사항	상진이는 꾸준하게 학습하는 것을 어려워하는 등 학습 기복이 큰 편이었다. 특히 영어와 수학을 힘들어하는 만큼 학습 기초를 잡는 데 신경 써 달라고도 하셨다. 벼락치기식 학습이 고등학교에서는 통하지 않을 것을 아시기에 상진이를 더욱 걱정하셨다.

"꿈이 있어도
공부는 힘들어요"

자동차에 미친 아이

상진이의 꿈은 '자동차 엔지니어'였다. 그것도 국내 대기업 'H'사의 자동차 엔지니어가 되어 우리나라 자동차 산업을 이끌고 싶어 했다. 부산에 사는 상진이는 방학 때 자기가 직접 신청해 울산에 있는 H 자동차 공장에 견학을 다녀올 정도로 자동차에 열성적이었다. 휴일이면 몇 시간씩 방 안에서 자동차 모형을 가지고 놀면서 시간을 보냈다. 핸들도 돌려 보고 차 문을 열었다 닫았다 하면서 몇 시간이고 자동차를 요리조리 뜯어 봤다. 상진이는 말 그대로 자동차에 미쳐 있었다.

매니저로서 그동안 수많은 학생들을 만나면서 대부분의 아이들이 꿈과 진로 목표를 찾지 못해서 공부에 집중하지 못한다고 생각했었다. 꿈과 목표만 생긴다면 모두가 금방이라도 '공부가 제일 쉬웠어요!'라고 외치며 치열하게 공부하게 될 것이라고 착각했었다. 그런데 상진이를 보면서 그런 나의 생각은 금이 갔다. 꿈이 있어도 그 꿈을 손에 거머쥐기 위해서는 피나는 노력이 필요하다는 사실을 절실히, 다시 한 번 더 깨달았다.

기적 같은 성적 상승

중학교 2학년 1학기 때, 상진이는 공부를 하나도 하지 않았다. 상진이의 중간고사 성적은 80점대, 기말고사 때 받은 등수는 전교 250명 중에 190등이었다. 부모님은 맞벌이를 하셔서 상진이를 돌보지 못했고, 가정 분위기도 '무조건 공부!'를 강요하지는 않았다. 하지만 그제야 상진이의 공부 상태를 정확히 안 부모님은 상진이의 성적을 걱정하셨다.

부모님은 특단의 조치로 상진이와 거래를 했다. 만약 다음 시험에서 상진이가 전교 100등 안에 들면 좋아하는 자동차 모형을 살 수 있도록 50만 원을 주시기로 했다. 그러자 상진이는 다음 시험에서 정말 100등 안에 들었다.

부모님은 그다음 단계로 상진이가 전교 50등 안에 든다면 상진이가 갖고 싶어 했던 또 다른 자동차 모형을 사 주기로 했다. 상진이는 원하는 자동차 모형을 또 가질 수 있다는 생각에 전 시험보다 더 열심히 공부했다. 학교 수업은 무조건 집중해서 듣고, 교과서와 학습지 위주로 공부했다. 부족한 단원은 문제집을 활용해 점검했다.

성적은 또 기적처럼 올랐다. 2학기 기말고사에서 상진이가 전교

50등 안에 든 것이다. 자동차 때문에 시작된 공부이긴 하지만 상진이는 어느새 '나도 하면 할 수 있구나'라는 자신감과 'H대학교의 자동차학과'에 꼭 진학하겠다는 확실한 진학 목표가 생겼다. 그리고 고등학교는 대학 입시에 유리한 자율형 사립고등학교에 진학하겠다고 마음먹었다.

상진이의 성적은 승승장구했다. 다음 시험에서는 전교 20등대에 진입했고, 그다음 시험에서는 드디어 전교 한 자릿수의 학생이 되었다.

힘든 공부

이런 결과들만 본다면 그 과정이 마치 드라마처럼 무척이나 쉬워 보인다. 하지만 실제는 그 반대였다. 상진이는 성적을 올리기 위해 공부해야 했던 하루하루를 너무 힘들어했다.

자율형사립고 입학에서 제일 중요한 것은 내신이었다. 그래서 점수와 등수에 예민할 수밖에 없었다. 상진이는 빠르게 이해하고 암기하는 것은 잘했으나 매일 몇 시간씩 꾸준하게 앉아서 공부하는 것은 빨리 지쳤다. 지구력과 행동력이 가장 큰 문제였다. 체구도 작고 마른 편이어서 체력도 뒷받침해 주지 못했다. 공부를 하다가도 책상에서 잠을 잔다거나, 오래 책상에 앉아 있어도 실제로 공부한 분량은 얼마 되지 않았다.

성격이 내향적이고 예민해 친구 관계에서도 스트레스를 많이 받았다. 성적이 올라 친구들에게서 인정을 받으면 공부에 더 자신감을 얻어 성적이 올랐지만 점수가 조금이라도 떨어지면 등수에 연연해 공부를 제대로 할 수 없었다.

집에서 숙제로 해 오기로 한 부분이 제대로 되어 있지 않아 책임을 물으면 오히려 화를 내거나 눈물을 쏟는 일도 자주 벌어졌다. 한마디로 상진이는 깨지기 쉬운 유리 같은 아이였다.

합격

그러던 어느 날 상진이가 엉엉 울면서 말했다.

"매니저님이 제 마음을 아세요? 저는 늘 절벽 위를 기어오르는 기분이에요. 한 발자국 올라가기는 너무 힘들고, 한 발자국만 잘못 디디면 저 아래로 후두둑 떨어질 것만 같고…. 잘하고 싶은데 마음처럼 되지 않아요. 우리 반 현석이는 벌써 수학을 다 끝냈다고 하는데 저는 아직 반밖에 못했고, 진형이도 제가 모르는 문제도 다 풀어 냈어요. 이번 성적을 잘 받아야 목표한 고등학교에 들어갈 수 있는데…."

공부는 결국 혼자서 싸우고 이겨내야 하는 고독한 과정이다. 그런 것을 알기에 상진이의 이런 모습이 더욱 안타까웠다.

"생각하는 만큼 실천할 수 있다면 우리 모두는 '전교 1등'에 '몸짱'이 되겠지? 걱정하고 불안해하면 좀 나아질까? 상진아, 지금까지 잘해 왔잖아. 네가 지금 집중해야 할 것은 너에게 부족한 부분이 무엇인지를 알고 채우는 일이야. 그러니 마음잡고 너 자신에게 집중하자. 최선을 다했는데도 결과가 좋지 않으면 최소한 후회는 없잖아!"

상진이는 눈물을 닦으며 다시 자기 책상으로 돌아갔다.

어른도 힘든데 어린 학생들은 얼마나 힘이 들까? 그래서 그 순간 순간의 과정을 함께 견뎌 내 줄 누군가가 필요하다. 마음이 맞는 친구도 좋고, 부모님도 좋을 것이다.

꿈이 있다고 다 공부가 잘되는 것은 아니다. 그 과정은 하루하루가 매우 힘들다. 하지만 상진이처럼 꿈이 있다면 그 힘든 과정들을 결국은 극복할 수 있다.

결국 상진이는 자신이 원했던 자율형 사립고인 해운대고등학교에 합격했다. 결국 공부는 좋은 공부 방법을 찾는 것만큼, 매일매일 힘겨움을 이겨 낼 수 있는 자기 안의 에너지를 만들어 내는 것이 중요한 일이다. 학생들 내면에는 공부와 맞설 수 있는 에너지가 얼마나 있을지, 어쩌면 그것이 가장 중요한 문제일지도 모른다.

공부 스토리

이름	이종민	성별	남	학년	고2~재수

장래희망	옷가게 사장 ➡ 고등학교 선생님 ➡ 약사				

성적	하		주력과목	수학, 과학	취약과목	수학

공부공식	최고	집요함, 문장이해력	최저	자가 학습 시간

학습 특징	이해력은 좋으나 암기력이 부족한 종민이는 오래 학습하는 것을 특히 힘들어했다. 수학에서 손을 놓은 지 오래여 거의 포기한 상태. 학습에 대한 동기 부여가 전혀 되어 있지 않았기 때문에, 무엇보다도 종민이가 스스로 공부의 의미를 찾는 것이 중요했다.
성격 특징	내성적인 성격으로 고민도 많고 다소 예민해, 어떤 문제가 해결되기 전까지 다른 일에 몰두하지 못했다. 기본적으로 친절한 성격이나 새로운 사람과 관계를 맺을 때는 다소 적대적인 면도 있었다. 또래 학생들보다 스스로가 더 성숙하다고 생각하는 '애어른 스타일'.
부모님과의 관계	어머니는 모범생 누나와 달리, 막내 아들의 사춘기와 반항기를 겪으며 속앓이를 많이 하고 계셨다. 매사에 엄격한 어머니는 종민이에게 쉽게 칭찬해 주지 않는 편. 이에 대해 종민이는 자신이 최대한 노력해도 결코 어머님을 충족시켜 드릴 수 없을 것이라고 생각하고 있었다.
부모님의 학생에 대한 요구사항	그동안 학원을 등록해도 꾸준히 다니지 못하고 결석하는 경우가 많아 회비를 버리기만 했다고 후회하셨다. 기본적인 학습 능력이 뒤떨어지는 것 같지 않은 만큼 공부 의욕이 생길 수 있는 계기를 마련해 주기를 바라셨다.

"이제 공부하는 재미를 알 것 같아요"

문제아 종민이

종민이는 흔히 말하는 문제아였다. 중학교 때는 하도 사고를 쳐서, 부모님이 학교에 불려 다니기 바빴고, 공부에는 관심도 없었다. 친구들과 어울려 시간 가는 줄 모르고 놀다가 새벽이 되어서야 귀가했다. 자연히 부모님과의 관계도 원만하지 못했다. 어머니는 이런 종민이를 보면서 흔히들 말하는 중2병을 앓는 것이겠거니 하고 기다렸지만 종민이의 방황은 벌써 2년이 넘어가고 있었다.

종민이의 누나는 공부를 잘해서 교대에 턱하니 합격했다. 종민이가 보기에 모범생인 누나는 부모님과 말도 잘 통하는 것 같았다. 종민이는 착한 딸인 누나 때문에 자신의 잘못이 더 크게 부각된다고 생각하면서 누나를 '그 여자'로 부른 지도 이미 오래되었다.

패션에 관심이 많은 종민이는 옷장사를 해 볼까 하는 생각도 했었다. 주변에 옷가게를 하는 형이 있는데 대학교를 나오지 않고서도 돈을 많이 번다는 말을 듣고 굳이 대학에 가야 하는가 라는 생각도 들었다.

하지만 이렇게 집에서, 학교에서 보기에는 문제아인 종민이도 자세히 들여다보면 착한 구석이 한두 가지가 아니었다. 중간고사가 끝난 뒤 종민이는 친구들과 회비를 거둬 여행을 떠나기로 했다. 그런데 집안 형편이 좋지 않아 돈을 낼 수 없는 친구가 있자, 종민이는 그 친구 몰래 다른 친구들과 돈을 모았다. 또 편의점에 갈 때는 내가 좋아하는 음료를 기억해 두었다가 한 병씩 사서 남몰래 건네기도 했다. 알고 보면 종민이는 속이 따뜻하고 그저 관심받고 싶어 하는 아이였다.

종민이에게 무엇을 해 줄 수 있을까? 나는 종민이를 처음 만난 그날 이후 이래저래 고민을 했다. 일단은 교복을 입고 오면 단정해 보인다고 다짜고짜 칭찬을 했다. 지각을 하지 않으면 대견하게 여겼다. 방금 밥을 먹었지만 나에게 빵을 건네면 마침 배가 고팠던 참이라며 호들갑을 떨어 댔다. 종민이를 만나 그런 호들갑을 편 지 한 달 정도 지났을까. 처음으로 종민이가 제 발로 상담실로 걸어와 속내를 보였다.

"중학교 때 한창 방황하다 이제서야 공부를 시작하는데, 성적이 나오지 않을까 봐 두려워요. 그래서 더 공부를 못하겠어요."

결과가 좋지 않았을 때 받게 되는 질책을 두려워하는 학생들은 의외로 많다. 자신의 능력에 대한 성과를 직면할 준비가 되어 있지 않은 것이다. 그리고 그것을 누군가가 비판할까 봐 두려운 것이다.

"종민아, 일단 그런 마음이 들었다는 게 중요해. 우선 급한 것부터, 제일 부족한 것부터 시작해 보자."

중1 수학

제일 급한 과목은 수학이었다. 종민이는 중1 수학부터 다시 시작했다. 종민이는 '중1'이라고 쓰인 참고서를 들고 다니는 것이 부끄러웠는지 매일 책을 뒤집어서 책상에 올려 놓았다. 그 모습을 보고 책 싸개를 씌워 주었더니, 웃으면서 "감사합니다"라고 말하며 더 열심히 공부했다. 그렇게 6개월 만에 중학교 과정의 수학을 완성했다.

수학 문제를 많이 풀지는 않았다. 대신 어려운 문제를 고민하고 스스로 풀 때까지 애를 썼다. 그러다 어려운 문제가 풀리면 희열을 느끼면서 나에게 이야기했다. 그렇게 하다 보니 모의고사에서 4점짜리 문제도 막힘없이 풀어 내기 시작했다. 그 후로는 공부 못하는 후배들에게 "자존심 따위 필요 없으니까 부족한 과정부터 해라"하는 설교까지 하고 다녔다.

하루는 종민이가 "대박"이라고 외치며 학교에서 있었던 일을 전해 주었다. 평소 수학을 싫어하던 종민이는 수업 시간에 졸고 딴짓을 하느라 태도 점수가 나빴다. 당연히 수학 선생님과의 사이는 좋지 않았다. 그래서 더 삐뚤어진 태도로 수학 선생님을 대했었다. 그런데 하루는 선생님이 수업 시간에 자신을 보고 "종민이가 저렇게 열심히 공부하는 학생인 줄 몰랐네. 날라리인 줄 알았는데 자습서를 들고 다니면서 푸는 걸 보니 내가 괜히 오해를 한 것 같다"고 하셨단다.

학교 선생님께 그런 관심을 처음 받아 본 종민이는 얼떨떨하면서도 그 관심이 싫지 않았다. 교무실 청소 당번일 때 그 선생님이 다른 선생님들에게 자신을 칭찬하는 것을 보고는 선생님들에 대한 마음의 문도 열게 되었다.

시간이 지나 고3 6월, 내 책상 위에는 그동안 노력한 결과가 이룩한 자랑스러운 종민이의 수학 시험지가 놓여 있었다.

힘들었던 재수 생활과 합격

종민이는 시험 때 너무 많이 긴장하는 안 좋은 습관이 있었다. 시험지가 쭈글쭈글해서 물어보면 긴장한 탓에 손에 땀이 흥건해져 그렇다고 했다. 답안지도 잉크가 번져서 시험 중간에 몇 번이나 교체했다. 그러니 좋은 시험 결과를 기대하긴 글러먹을 수밖에 없었다.

그래서 평상시 공부할 때도 수능 당일 상황을 이미지 트레이닝하기로 했다. 수능 시간표에 맞춰 아침에 일어나고 각 과목별로 시험 시간과 문제 수를 똑같이 지정하고 공부했다. 마음가짐도 '틀리면 뭐 어때, 다른 문제 맞추면 되지'라고 편하게 생각하도록 했다.

종민이는 하루하루 열심히 공부했다. 하루에 공부할 내용을 세분화해서 적어 놓고 그것을 마무리한 뒤 동그라미 칠 때, 희열이 느껴진다며 너스레를 떨었다. 이렇게 종민이는 고3 생활의 학업 스트레스를 자기만의 방법으로 조절해 가면서 점점 더 집중해서 공부했다.

힘든 수험 생활을 끝낸 뒤 종민이는 대학교에 합격했다. 하지만 종민이는 그 대학에 가지 않고 한 번 더 수능에 도전해 보고 싶다고 단호히 말했다. 종민이는 공부의 재미를 너무 늦게 알게 되었다며, 이제라도 제대로 공부해 보겠다며 재수 생활을 시작하게 되었다.

재수 생활을 하는 동안 종민이는 집에서 정말 많이 울었다고 한다. 어머니는 그런 모습을 옆에서 지켜볼 수밖에 없어서 마음이 아팠지만 종민이가 흔들릴까 봐 내색하지 않으셨다. 대신 매일 밤마다 잠든 아들의 방문을 향해 절을 하셨다. '착한 우리 아들, 나쁜 일에 휘둘리지 말고, 좋은 것만 보고 좋은 것만 알고 살아갔으면 좋겠다'고 말이다. 어머니는 종민이를 쉽게 칭찬하지 않으셨지만 매일 밤 잠든 종민이를 한참 바라보다 잠드시곤 했다.

종민이는 재수 생활 동안 나와 함께 출근하고 퇴근했다. 밥 먹는 시간을 아끼라고 했더니, 편의점에서 매일 빵을 사 먹으며 수학 문제를 풀었다. 빵에 포함된 스티커를 나에게 매일 주었는데 그것만 해도 100개가 넘었다. 살이 찌면 "마음이 편한가 보네" 하고 구박하고, 살이 빠지면 "든든하게 챙겨 먹으라"고 구박했다.

우여곡절 끝에 두 번째 수능을 본 날, 종민이와 나는 고구마 케이크를 같이 먹으며 시험지를 채점했다. 시험 결과, 종민이는 원하는 대학의 합격통지서를 두 장이나 받아들고서 행복한 고민을 할 수 있었다.

종민이는 시험이 끝나면 다 끝나는 거라고 생각했는데, 수능이 끝나도 중요한 선택의 연속이라는 것을 새삼 깨달았다고 했다. 자신이 선택한 결과에 책임을 져야 하기에 한 순간 한 순간 신중하게 고민해야겠다고 말하는 종민이는 어느새 어른이 되어 가고 있었다.

　며칠 전, 종민이로부터 문자 메시지가 왔다. 다름아닌 '전액 장학금 통지서'였다. 입학 후 한 번도 장학금을 놓친 적 없는 종민이는 지금도 매번, 제일 먼저 나에게 그 소식을 알려 준다.

종민이의 책상 *

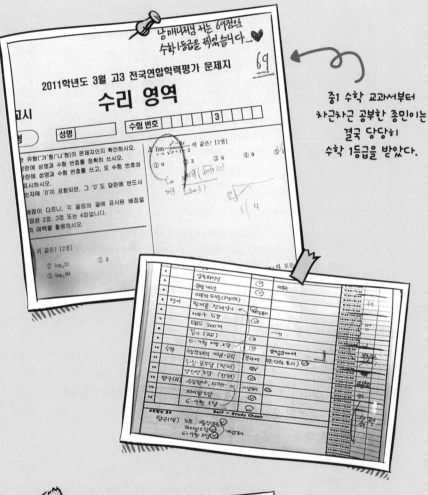

남매샘 저는 69점으로
수학1등급을 찍었습니다... ♥
69

2011학년도 3월 고3 전국연합학력평가 문제지

수리 영역

중1 수학 교과서부터
차근차근 공부한 종민이는
결국 당당히
수학 1등급을 받았다.

골칫덩어리 문제아에서
당당히 전액 장학생으로
성장한 종민이.

공부 스토리

이름	이진		성별	여		학년	고2

장래희망	In Seoul 어문계열 또는 법학계열 진학

성적	국어 2등급, 수학 5등급	주력과목	국어, 사탐	취약과목	수학

공부공식	최고	자가 학습 시간	최저	공식, 법칙, 사고력

학습 특징	중학교에서는 중상위권을 유지했지만 고등학교에 올라와서는 중위권을 벗어나지 못하고 있었다. 시키는 대로 공부하지만 방법을 잘 몰라 겉핥기 식으로 공부하는 경향. 국어, 사회 과목의 점수는 좋은 편이나, 특히 수학은 초등학교 때부터 어려움을 겪고 있었다.
성격 특징	부모님의 기대와 사랑을 많이 받고 자란 외동딸로 친구나 선생님과의 관계를 중요하게 생각했다. 사랑과의 관계에 예민한 편이며 항상 주변사람을 실망시키지 않으려 노력한다. 'No'라고 말하고 싶은 순간에도 친구들에게도 싫은 소리를 하지 못하는 우유부단한 면도 있었다.
부모님과의 관계	어머니는 진이의 마음을 잘 이해해 주는 친구 같은 존재. 어릴 적부터 학습에 예체능까지 두루두루 교육시켰으나, 고등학생이 된 후로는 진이가 힘들어할까 봐 '공부'만을 무조건 강요하지 않으셨다.
부모님의 학생에 대한 요구사항	취약 과목인 수학의 토대를 잡고 성적을 향상시킬 수 있도록 이끌어 주길 원하셨다. 진이가 학습에 다시 자신감을 가지고 자신이 원하는 'in Seoul 대학'에 꼭 합격할 수 있도록 지도해 주길 바라셨다.

224

고2 진이 이야기

"수학이 두렵지 않아요"

수학 공포증

"그저 예쁘게만 키워서 그런지 애가 세상 물정을 몰라요. 공부도 도통 요령이 없어요. 이제 고3까지 몇 개월 남지도 않아서 제대로 공부해야 할 텐데 걱정이에요. 특히 수학은 안 시켜 본 게 없는데도 안 되더라고요…. 하나뿐인 소중한 딸, 정말 잘 부탁드립니다."

걱정과 염려가 담긴 어머니의 말씀 속에서 진이에 대한 애정을 느낄 수 있었다. 진이는 어떤 질문과 요구에도 "네!"를 외치며 웃을 때면 눈이 반달이 되는, 그야말로 '해피 바이러스'였다.

하지만 수학을 공부할 때는 해피 바이러스 진이가 아니었다. 학습 플래너에 예쁜 글씨로 쓴 학습 계획을 대부분은 잘 지켰지만, 수학만큼은 언제나 예외였다. 항상 "집에 가서 마저 해 올게요. 내일 학교에서 해 올게요"라며 미루는 날이 많았다.

"진이야. 이가 썩었는데 치료받기 싫다고 미루면 어떻게 될까?"

"그러면 안 되죠. 시간이 지나면 더 썩어서 신경치료까지 받아야 할걸요. 어차피 해야 할 치료라면 빨리하는 게 낫죠."

"맞아, 진이야. 그런데 진이는 꼭 서울에 있는 대학에 가고 싶다고 하면서 왜 수학 공부를 미루는 걸까? 어차피 해야 한다면 빨리하는 게 낫지 않을까?"

하지만 수학을 항상 무서워하던 진이에게는 그만한 이유가 있었다. 진이는 초등학교 때부터 덧셈이나 뺄셈의 원리를 익히는 게 어려웠고, 시계 보는 것도 중학생이 되어서야 익숙해졌다. 진이에 대한 기대가 컸던 아버지는 진이에게 직접 수학을 가르쳐 주셨다. 하지만 진이가 대답을 잘하지 못하면 이내 야단을 치셨고 진이는 수학 때문에 혼이 나기 일쑤였다.

그때부터 진이에게 수학 시간은 무조건 혼나는 시간으로 생각되었다. 그렇다 보니 다른 과목은 상위권을 유지했지만, 항상 해도 결과가 나오지 않는 수학은 영원히 피하고 싶은 과목이었다.

J프로젝트

하루는 평소처럼 가장 마지막까지 남아서 공부를 한 진이가 내 방문 앞을 서성이더니 작은 목소리로 물었다.

"매니저님, 저는 수학 모의고사 시간에 뭘 하면 좋을까요? 모의고사 시간이 모자라 봤으면 좋겠어요."

많은 학생들이 모의고사는 성적에 들어가지 않으니까 어떻게 하면 그날을 대충 넘길 수 있을까 생각한다. 하지만 진이는 정말 열심히 풀고 싶은 마음에 내게 질문을 한 것이었다. 1년 후에 보게 될 수능을 생각하며 한숨부터 짓는 진이를 보며, 이가 아파 치과 앞에서 발만 동동거리는 아이의 모습이 떠올랐다.

밤새도록 진이가 했던 말이 맴돌고 맴돌았다. 내가 고등학교 1학년 시절, 첫 수학 시험을 보고 충격에 휩싸였던 그때가 생각났다. 그러던 내가 수학에 자신감을 가지게 된 것은, 1년도 훌쩍 지난 고3 때 담임 선생님을 만나고 나서였다. 그 시절 내게 수학 공부법을 가르쳐 주셨던 선생님의 모습을 떠올렸고 내가 수학을 공부했던 방식을 되새겨 봤다.

이번 고2 겨울 방학이 진이에게는 마지막 기회였기에 진이를 어떻게 도울 수 있을지에 대한 고민이 더욱 깊어졌다. 진이는 지금 당장 수능 시험을 대비한다 해도 모르는 개념들이 꼬리에 꼬리를 물 것이 분명했다. 한참을 생각하다가 침대에서 일어나서 펜을 잡았다. 진이가 평소 어려워하던 문제를 떠올리며 어디서부터 잡아 줘야 할지를 적어 보았다.

이튿날 진이는 밝은 모습으로 나를 맞았다.

"매니저님, 오늘 무슨 좋은 일 있으세요?"

나는 어제 밤새도록 작성한 종이 한 장을 진이에게 건넸다.

"네? 제목이 'J프로젝트'네요. 정말 수학을 이렇게만 공부하면 저도 잘할 수 있을까요? 무조건 해 볼래요! 당장 뭐부터 하면 되죠?"

이렇게 대답해 주는 학생을 어떻게 예뻐하지 않을 수 있을까! 진이와 나는 당장 컴퓨터 앞에 앉아서 방학 동안 공부해야 할 수학 범위와 학습 계획표를 짰다. 하루 동안 잡은 10시간 공부 중 2분의 1을 수학 공부에 쏟아야 할 만큼 빠듯한 계획이었다.

"그런데 진이야, J프로젝트의 핵심은 계획이 아니야. 바로 공부 방법이야. 공식 : 문제 = 5 : 5 법칙!"

"음. 공식을 50% 공부해야 한다는 건 공식을 50번씩 써야 한다는 건가요?"

"아니, 그렇게 단순한 방법으로는 우리의 J프로젝트를 성공시킬 수가 없어. 영어 지문을 독해하듯이 앞뒤를 따져 가며 공식을 공부할 거야."

이해가 안 되는 부분과 알 것 같지만 설명할 수 없는 부분까지 밑줄을 긋도록 했다. 그리고 밑줄 부분을 하나씩 설명해 주며 공식이 나오게 된 과정에 대해 이해할 수 있도록 했다. 그 뒤에 기본 문제를 풀도록 했다. 그러기를 반복하자 진이는 수학 공부를 하면서 한 번도 보여 준 적이 없었던 반달 눈의 표정을 지었다. 해피 바이러스 진이였다.

수학이 재미있어요!

"우아, 저 맞혔어요. 수학을 한 번에 답을 맞히다니! 문제 속에 아까 밑줄 그으며 봤던 내용이 다 들어가 있어요. 그 내용을 하나씩 식으로 세우니까 정말 답이 나오네요!"

내가 이 문제를 풀 수 있을 것 같다고 생각하면 식이 떠오르고, 못

풀 것 같다고 생각하면 식조차 세울 수 없는 그런 과목이 수학이다. 수학은 자신감이 가장 중요하다는 말이 딱 맞는 순간이었다.

수학을 푸는 재미를 제대로 느낀 진이는 집에서도 수학을 붙잡고 있는 날이 점점 더 많아졌다.

"저, 이 책 다 끝냈어요!"

진이는 겨울 방학 12주 동안 빡빡하게 세운 계획을 단 10주 만에 완성했다.

"2년 동안 학원이랑 과외를 전전하며 했던 공부를 2개월 만에 끝냈어요. 이제 수학이 재미있어요!"

진이의 성실한 면모가 빛을 발했던 순간이었다. 그동안 SKY 출신의 스펙 좋은 과외 선생님이 가르쳐 줄 때도 해결하지 못했던 수학이라는 골칫덩어리를 진이는 스스로 해결한 것이었다.

그렇게 누구보다 치열하게 보낸 겨울 방학이 지나고 드디어 검증의 시간이 찾아왔다. '3월 모의고사가 너의 수능 성적이 될 것이다'라는 담임 선생님 말씀에 진이는 한껏 긴장했다.

"진이야, 수능까지는 8개월이나 남았어. 우리가 함께 보낸 2개월 동안의 겨울 방학을 네 번이나 보낼 수 있다는 뜻이야. 너의 처음 목표를 기억해 봐. '수학 모의고사 시간에 문제를 푸느라 시험 시간이 남지 않는 것!' 내일 시험은 바로 그걸 제대로 달성하는 게 우리의 목표야."

그제야 진이의 표정이 밝아졌다.

이튿날, 모의고사를 치른 진이는 트레이드 마크인 반달눈을 하며 나타났다.

"저, 수학 시간 동안 정말 바빴어요. 성공이죠? 아직 채점은 안 해 봤지만 결과가 정말 궁금해요."

진이보다 더 떨리는 마음으로 우리는 시험지를 함께 채점했다.

"매니저님, 이 점수는 태어나서 처음으로 받아 보는 거예요!"

3월 모의고사 결과, 진이는 수학에서 2등급을 받을 수 있었다. 그 뒤 진이는 수학에 대한 두려움을 떨치고 무조건 수학을 1순위로 놓고 공부했다. 자신감이 약해지고 마음이 흔들릴수록 더 수학에 집착하고 끈질기게 개념을 이해하고 문제를 풀어냈다. 그 결과 다음 모의고사에서 수학 1등급을 찍은 진이는 다음 해, 목표로 했던 여대 법학과에 합격할 수 있었다.

대학교에 입학하던 날 진이가 메시지와 함께 사진을 보내왔다. 양손에 엄마와 아빠의 손을 잡고 환한 웃음을 짓고 있는 진이. 사진으로 처음 보는 진이의 아버님도 진이와 똑같이 닮은 반달눈으로 웃고 계셨다.

올해로 창사 13주년을 맞이한 에듀플렉스는 '올바르고 효과적인 방법을 익혀 스스로 공부하는 학생을 양성한다'는 철학과 비전을 바탕으로 '자기주도학습' 한 길에 매진해 왔다. 최근에는 5년 연속 대한민국 교육기업 자기주도학습 부문 대상을 수상하며, 명실공히 자기주도학습 분야 1위 기업으로서의 명성을 이어가고 있다. 또한 한국청소년상담복지개발원에 매년 꾸준한 기부를 실천하며, 청소년의 건강한 성장을 위해 헌신해온 공로를 인정받아 장관 표창도 받는 영광을 안았다.

학습 매니저

에듀플렉스가 대한민국 자기주도학습의 대표브랜드로 자리매김한데는 에듀플렉스만의 특별한 시스템인 '학습 매니저'가 큰 역할을 했다. 에듀플렉스 학습 매니저는 학생의 학습관리는 물론 정신관리, 행동관리까지 체계적인 관리를 통해 학생의 자기주도적인 학습이 가능하도록 도와주는 역할을 한다.

VLT 4G 검사

과학적인 진단검사를 통해 학생 특성에 알맞은 학습법을 제시할

관리 프로그램(스타트 체크)
약 10분 소요

매니저와 거시적인 목표를 상기하고 연간 학습 포트
폴리오와 텀스케줄을 바탕으로 1일 학습 계획을 세우고
공부 방향을 설정합니다.

'중/장기 전략은 연간 포트폴리오로 OK'
'시험기간/월간 학습계획은 텀스케줄러로 OK'

'스스로 계획하고 스스로 학습한다!
자기주도학습 플래너 〈셀프리더〉'

상담 프로그램
약 30분 소요

매니저는 학생이 스스로 생각하고 공부할 수 있도록
정기적인 상담을 통해 학습 동기를 부여합니다.

1시간씩 주1회 또는 30분씩 주2회로 매니저와 1:1 코칭이
이루어지며, 공부 습관, 진로, 대인관계, 이성친구 문제 등
다양한 주제의 상담을 실시합니다.

자가 학습 시간
약 180분 소요

집중도를 높일 수 있도록 설계된 학습실에서 집중적인
자기공부를 합니다. 학습 플래너를 활용한 체계적인
시간 관리를 통해 장시간 효율적인 학습을 진행합니다.

보통 학생 / 상위 0.1% 학생

최상위권 학생과 일반 학생의 가장 큰 차이는 바로
'자기주도학습 시간'입니다. 0.1%의 학생들은 매
일 4시간 이상 스스로 공부하고 있습니다.

관리 프로그램(데일리 체크)
약 20분 소요

1일 학습 계획을 모두 시행했는지 확인하고
역질문을 통해 제대로 알고 있는지 학습 완성도를
점검합니다.

데일리 체크는 단순한 시험 형식이 아닌 학생이 스스로
설명하는 방식이며 최종 점검을 통해 자기 반성의 시간을
갖도록 합니다.

에듀플렉스 프로그램

수 있도록 했다. 그것이 바로 tvN 방송을 통해 크게 화제가 되었던
VLT 4G 검사, 즉 7316테스트다. 7316테스트는 7년 동안 3만명의

학습 동기를 바꾼 16스타일 공부법으로 널리 알려져 있다. 에듀플렉스의 학생들은 7316테스트를 통해 자신에게 딱 맞는 공부법을 깨닫고 공부에 매진할 수 있다.

상담

에듀플렉스 프로그램 중 여타 사교육기관과 가장 차별화 되는 것 중 또 하나는 상담이다. 에듀플렉스는 성적과 같은 눈에 보이는 결과만을 쫓지 않는다. 학생 마음 속 진정한 변화를 이끌어내는 것을 목표로 한다. 학습 관리에만 치중하는 것이 아니라 동기 부여와 학습의지까지 관리하는 것이다.

에듀플렉스_ www.eduplex.net

내신 6등급도
1등급으로 만든 스스로 공부 이야기

나도 솔직히
1등이 하고 싶다 1

초판 1쇄 인쇄 2016년 6월 20일
초판 1쇄 발행 2016년 6월 27일

지은이 김송은, 에듀플렉스 교육개발연구소
펴낸이 김선식

경영총괄 김은영
마케팅총괄 최창규
책임편집 이여홍 **크로스교정** 김수나 **디자인** 김규림 **책임마케터** 최혜령
콘텐츠개발3팀장 김서윤 **콘텐츠개발3팀** 이여홍, 김규림, 이은, 김수나
마케팅본부 이주화, 정명찬, 이상혁, 최혜령, 양정길, 박진아, 김선욱, 이승민, 김은지
경영관리팀 송현주, 권송이, 윤이경, 임해랑, 김재경

펴낸곳 다산북스 **출판등록** 2005년 12월 23일 제313-2005-00277호
주소 경기도 파주시 회동길 37-14 3, 4층
전화 02-702-1724(기획편집) 02-6217-1726(마케팅) 02-704-1724(경영관리)
팩스 02-703-2219 **이메일** dasanbooks@dasanbooks.com
홈페이지 www.dasanbooks.com | teen.dasanbooks.com
블로그 blog.naver.com/dasan_books
종이 한솔피엔에스 **출력·인쇄** 갑우문화사 **후가공** 이지앤비 특허 제10-1081185호

ISBN 979-11-306-0869-3 (44370)
        979-11-306-0867-9 (세트)

다산북스(DASANBOOKS)는 독자 여러분의 책에 관한 아이디어와 원고 투고를 기쁜 마음으로 기다리고 있습니다.
책 출간을 원하는 아이디어가 있으신 분은 이메일 dasanbooks@dasanbooks.com 또는 다산북스 홈페이지 '투고
원고'란으로 간단한 개요와 취지, 연락처 등을 보내 주세요. 머뭇거리지 말고 문을 두드리세요.